ちくま文庫

杏のふむふむ

杏

筑摩書房

杏のふむふむ

今まで出会った、全ての方に。

これから出会う、全ての方に。

目次

大切な思い出

仕事での出会い

出会いは広がる

おまけ

本書は二〇一二年六月、筑摩書房から刊行されました。
「後日談　ベラの授業」は文庫版書き下しです。
イラストはすべて著者自筆です。

大切な思い出

エンドウマメ先生

私が通っていた小学校のクラスは、梅、桃、桜、と植物の名前で分けられていた。久しぶりに改装工事の済んだ校舎に足を運んでみたら、今は杏組なんかも足されているらしい（在学していたら、ぜひとも杏組になってみたかった）。

小学校のクラス替えは二年ごと、中学校は毎年あった。学生だったあの頃のクラス替えは、もはや「世界替え」と言っても良いくらい、比重の重いイベントだった。

クラス替えの日、学校に行って、貼り出された紙を見る瞬間。

ある年のクラス替えの朝、それなりにドキドキしながら登校したら、友人が物凄い勢いで逆走してきた。鞄も持っておらず上履きということは、もう教室には入ったんだろう。

「あんー!!! 一緒のクラスだよ〜ん!」

おおっ、吉報をこんな風に駆けてきて知らせてくれるとは、さすが、親友。

ノコノコと連れだって発表ボードの前に行く。

私は何組なんだろう。……あ、あった。しかし、あるべきはずの爆走してきた友人の名前は……無い。視線を横にずらすと、元気な友人はやはり跳ねながら、

「う、っそぴょーん!!」

とのたまった。こ、こいつ〜。手の込んだイタズラだなぁ、もう。

「残念だったねぇ、まぁ、でも、わてらの友情は変わらないんだよん!」

そう言ってくれて嬉しい反面、やっぱり親しんだ友人と離れるのは寂しい。

とはいえ、クラスが変わっても変わらないモノは変わらないし、新しいクラスでも新しく楽しい関係は構築できるから、結局は一時的な杞憂なのだ。

それでも毎度、クラス替えの度に世界が変わるような気分になった。

学校における世界は、それくらい狭いのだ。

その一世界、つまり一つのクラスを掌握する存在は、やはり担任である。

私の学生生活の中で、一番心に残る先生は、小学校の一年生から四年生の間、ずっと担任を受け持ってくれたエンドウマメ先生だった。小さくてコロコロと笑う、愉快なオ

バチャマ先生。

三六五日、毎日日記を書いて担任の先生に提出するという習慣のあった校風のなか、エンドウマメ先生は毎日コメントを返してくれた。コメントの最後には必ず、房の中に豆粒が三つ入った、えんどう豆のイラストが付いていた。

面白い日記が書けたとき、何か良いことをしたときの日記、それらを褒めてくれるときには、そのイラストの豆一粒一粒に顔が付いていて、房にはリボンがかかっていた。

たったそれだけだったが、特別な気分でいっぱいになって、ほっこりと嬉しかったものだ。

放課後になると当番の班が教室を掃除する。

他のクラスの先生は、きちんと掃除をするとご褒美に飴玉をくれるよ、先生もやってよ！　と生徒から要望があったときは、

「掃除っていうのは、特別なことじゃないのよ。当たり前の役割を果たすのだから、掃除をした後に特別な飴玉はいらないの」

へぇ、そっかぁ。と素直に納得することができた。

一週間に一度、漢字テストがあった。そのたび、先生は、こう言うのだ。

「クラス全員が満点だったら、先生が皆を連れてディズニーランドに行くよ！　五回も続けば、皆で海外よ！」

おおーっ!!　と教室中が沸き立ち、皆の眼がメラメラと燃え始める。今思えば、十問とはいえ、クラス全員が満点を取ることなど、確率的には、ほぼ無いに等しい。それでもエンドウマメ先生は嘘は言っていない。

細かいところまでは思い出せないが、何回続けば何をしよう！　というランク分けはもっと細かく設定されており、「百回も続けば宇宙旅行」まで話は及んでいたと思う。皆、百回まではいかないだろう、と思いつつ、ディズニーランドぐらいはもしかしたら実現できるかもしれない、と本気で信じていた。

本当に全員満点だったら、どうしよう！

なんて、友人たちと笑いながら、採点を待っていた。

毎度その夢は破れるものの、次も頑張ろう！　と思えた。

ちなみに、我が家では、二回連続で満点をとると、本を一冊買ってもらえるという、比較的実現しやすいルールがあったため、小学校の頃の漢字テストでは毎回、一層気合いが入っていたような気がする。

そういえば、エンドウマメ先生オリジナルの不思議な恩賞制度として、「ラベル」というものもあった。ビデオテープの腹に貼るような至って事務的な三センチ×五センチほどの無地のシールに、賞のタイトルが書かれている。

クラスの中で上位になった生徒が貰える。点が取れた、という数値的なものではなく、「いちばん片付けしたで賞」、とか、「ぞうきんを絞るのがいちばん上手いで賞」とかそんなたぐいの、何とも自尊心をくすぐる、絶妙なポイントの賞だったと思う。

エンドウマメ先生が直筆で書いたというだけで、物質的な価値はこれといって無いのだけれど、今思い返すと、子供に物質的な価値というのは、さほど必要ないのかもしれない。

価値というのは、それが生み出された経緯と、それに対する人の思い入れで十分変わり得るものでもある。

現代の物質的価値観で溢れた（特に都会の）社会の中で、それを子供に、きちんと教えるのは本当に難しい。

もちろん叱られることだって山ほどあったけれど、大切な指針をユーモアたっぷりに教えてくれたエンドウマメ先生の力は、時間が経てば経つほど、その凄さを感じることになる。

二十歳も幾年か超えて、家族に「誕生日、何が欲しい？」と聞かれたとき、迷わず「万年筆」と答えた。

「インクが飛び出したりして面倒だから、買うのならちゃんとしたボールペンの方が良いよ」

と言われたけれど、とにかく欲しいのは万年筆だからね、と念を押した。

結局貰ったのは折衷案のインクカートリッジ式の万年筆だった。

最初は黒いインクが入っていたけれど、使い切ったらブルーブラックに替えてみた。エンドウマメ先生が日記にコメントを書く際、手紙を書く際、あらゆる場面でずっと使っていた思い出深い、あの万年筆と、同じ色。

縦書きだと私の幼稚な字も少し綺麗になったような気がして（手書きの日本語はやはり、縦に書いた方が美しいと思う）、なおかつエンドウマメ先生になったような気さえして、胸の中がこそばゆくなる。

万年筆で書くことがとにかく楽しくて、意味もなくいろいろな文章を書きうつしたりもしてみた。

カートリッジはあっというまに消費してしまう。二日で使いきったこともあった。

御礼状を書く葉書も、万年筆で書きやすいような紙質のものを優先的に選ぶようになった。

持ってみて初めて、こんなにも万年筆に思い入れがあったのだと気がついた。


今でも思い出す、エンドウマメ先生の居る教室。大人になってから行ってみたら、机の小ささに驚いた。

ついでにエンドウマメ先生も小さくなったような気がした。それだけ、私の背も伸びたんだろう。

先生の弾くオルガン。教室に生徒を集めるための、木の柄に欧風の模様が描かれたベル。何もかも時間の経たないままそこにあるようで、不思議な感じがした。

そんな校舎も、大幅な改築工事を経て、大分、様相が変わってしまった。

エンドウマメ先生も定年を迎え、学校には居なくなってしまった。

私の居た教室は、写真と思い出の中だけに在る。


人の人生は、様々な人が関わって作られている。

私の子供時代を代表する人物の筆頭には、間違いなくエンドウマメ先生が挙げられる。

それにしても心残りなのが、二年生の頃うっかり出し忘れたままの漢字ドリルと、クラスで行う予定だった「しんにょう大会」。その名の通り、誰が上手く部首のシンニョウを書けるか、という大会。

「今度、やりましょう！」との先生の言葉に、自分の名前にシンニョウがあり妙に自信のあった私は、今か今か、とこっそり練習もしていたのだが、何かが立て込んだのか結局実現せずに学期が終わってしまった。

漢字ドリルは罪悪感を持ちながら中学ぐらいまで手元に残してあったが、今では何処かへ行ってしまった。

同窓会でもあるものなら、いつか大会を企画して、ラベルを貰いたいものである。

弟ハリーのこと

　私の〝弟〟の話をしたいと思う。いや、彼からしてみれば、私は妹にあたるのかもしれない。
　我が家に弟がやってきたのは、私が小学校二年生の時。三年生を間近に控えた冬のことだった。
　ペットショップの片隅で、彼は他の子犬より一回りも二回りも大きいくせに、人……犬一倍恐縮していた。ボーッとしたおとなしそうな犬だったけれど、私たちの姿を見て「待ってましたよ!」と言わんばかりにピョンと跳ねた。
　飼うか、飼わないか、多少の審議はあったけれど、とにかく彼はほどなくして家族の一員となった。売れ残ってギリギリの大きさだったらしいけれど、みんな身体の大きい我が家にはぴったりだった。ラブラドール・レトリバー、毛の色はチョコレート。名前は、またもや家族審議が行われた結果、絵本『どろんこハリー』から「ハリー」と名付けられた。

生まれたての碧(あお)い目が茶色に変わりかける時期だった。ふっかふかの毛に包まれた、まだまだ小さい彼。お出かけするときの車の中では、兄と私の間に挟まれてスヤスヤと眠っていた。

我が家に来て少しの間一緒の時間を過ごしてから、何カ月かハリーは訓練所に預けられた。身体が成長していく、いちばん希少な時期を間近で見られなかったのは残念だったけれど、その分ハリーはその後の人（犬）生を有意義に過ごせたのではないかと思う。吠えず噛まず、飛びかからずにじっと大人しく待っていられて愛想のいいハリーは、仕事の現場に連れて行かれても人気の犬だった（と、犬バカ）。

さてそんな皆に愛される、素晴らしいキャラクターのハリーだったが、家の中ではただのオバカ犬だった。とにかく寝るのが大好きで、一日二十時間ほどは寝ていた。

ある時、椅子の肘かけに顎を載せてぐうぐうと寝ているハリーの、鼻の穴に、そっ……と柿の種を入れてみた。が、相変わらず、ぐうぐうと寝ている。

「ハリー、ねぇ、ハリーったら」

姿勢は変わらず、むにゃむにゃと眼だけが開く。しばらくボーッとしているが、やっぱり気がつかない。

犬は嗅覚が優れているという説が少し疑わしくなる。

「鼻、鼻だよー」

視線を鼻先にやるように指示すると、やっと気がついたのか、眼がくわっと開く。

そんなこんなでハリーは鼻の上に餌を載せてじっと待ち、「ヨシ」の掛け声で食べるという芸も身につけた。鼻先に載せた餌を器用に落とさず、ヒョイと口に運ぶのだ。

料理をしていると、ハリーは台所でじっと行儀よく座り、おこぼれを待つ。野菜の皮を剝くたびに、後ろにヒョイと投げる。それをパクッとキャッチする。にぼしから頭とワタを取る作業の時も輝く瞳で見つめてきた。つくづくエコな犬だった。

ハリーが中でも好きなのは、氷だった。ある時、冷凍庫から氷を一粒床に落としてしまった。すぐにしゃがんで探したけれど、落としたはずの氷は、無い。

「おかしいなぁ……」

横に目をやると、口を固く結んだハリーがこっちを見ている。「探しているものはどこでしょうね」と平静を装っている風だった。

「……？」

だまって見つめていると、だんだん鼻息が荒くなってきた。口の隙間からは冷気を含んだ白っぽい息が漏れている。眼がちょっとウルウルしていた。

ふっと眼をそらすと、カラン、という音がした、氷を急いで吐き出したのだろう。素早く拾い食いしたことがやましかったので、我慢していたのだろう。ハリーはよっぽど冷たかったのか、舌を出してハー、とため息をついた。

こんなこともあった。テーブルの上には大福がお皿に盛られていた。親が気がついたときには、大福は跡形もなく消え失せていた。私と兄は「あなたたちじゃないの？」と訊かれたが、素直に首を横に振った。「じゃあ、他に誰が食べたの？」今度は肩をすくめた。本当に知らなかったのである。

そこへ、「やあやあ、皆さんお揃いで、何を話してるんですかね」といかにも自然体でハリーが登場。

「あっ！」

チョコレート色の毛並みのはずのハリーの口元が、粉で真っ白だった。驚いた私たちの声に、「ん？ どうしたんですかい」と首をかしげていたが、「ハーリーイ!!」と叱るときの声色を出したら、ギョッと飛び上がった。犯人（犬）はハリーだったのだ。

犬は家庭内でリーダーを決めて家族に順位を付け、必ず自分の下に誰かを据えると聞いたことがある。ハリーの定めた我が家のピラミッドの最下位は、私だった。用も無いのに呼

んだりするものだから、彼にとって私は少々うざったい妹分だったのだろう。私は、しつこく名前を呼んだときに、初めて犬が肩でため息をつくのを目撃した。

妹分でもあり、ライバルでもあった。

風邪をひいて、居間のソファで毛布にくるまって寝ていたときだった。ハリーがすっ、とやってきてソファのすぐ下で丸くなった。

「ハリー、来てくれたんだね」

熱で退屈で心細いときに犬の存在は大きい。安心して私は眠りについた。ふと目を覚ますと、ずいぶん涼しい。気がつくと、毛布のほとんどはソファの下で寝ているハリーの方に巻き込まれていた。毛布を直接引っ張ったりせずに、毛布の端に体重をかけて、少しずつ自分の方にずり降ろしていたようだった。その後しばらく引っ張り合う無言の攻防が続いたが、結局一緒に寝た。

生涯吠えたり噛んだりはしなかったハリーだが、それぞれ、たった一度だけある。ハリーも私も若かった。

彼の垂れた耳の両端を持って、

「シェパードだー!!」

と言ってピョンと上に持ち上げたときだった。耳を引っ張ってはいないが、彼のラブラドールとしてのアイデンティティが崩壊したのだろう。ハリーは思わずパクッと私の手を噛んだ。その日のうちに消える程度の歯形がついたくらいで、血も全く出なかったのだが、驚いた私はワンワン泣いた。ハリーも噛んだ自分にびっくりしたようだった。「妹からちょっかいを出され、ついうっかり手を出した年長者の兄が結局悪者になってしまう」。この法則が今回も働いた。「ハウス！」と言われたハリーはしょんぼりと肩を落として犬小屋に帰っていった。

吠えたのは棒きれを投げる遊びをしていたときだった。ハリーは嬉々として棒きれを拾って戻り、「また投げて！」と足元に置いた。何度か繰り返したあと、何とハリーは棒きれを縦にくわえて走ってきた。

「危ない、ハリー、だめ!!」

駆け回って眼がランランとしているハリーはその声に気がつく由もなく、爆走。案の定、棒きれが地面に引っかかって喉の奥に当たった。その瞬間、今までに聞いたことのないような逞(たくま)しい咆哮がこだました。「言わんこっちゃない、早く戻っておいで！」急いで水道に連れて行って口をゆす

がせた。「うっわ、びっくりした……」ハリーの眼はしばらく、まんまるのままだった。

そんなハリーも海岸沿いに住む美人姉妹とお見合いをし、無事家庭をもった。生まれた子供は八頭、皆綺麗なチョコレート色でつぶらな碧い目だった。それぞれ友人の元に引き取られ、今では孫まで生まれている。

ハリーは、何年か前にアメリカに渡った。バイリンガル犬だ。年老いて日本に戻ることはできなくなったと聞き、アメリカで仕事があるときに何度かハリーに会いに行った。ある時、仕事の入らない週末を挟んでニューヨークに滞在する期間があった。週明けに撮影が入るかどうか、ぎりぎりまでわからない。その時、私はふとハリーのことを思い出し、居てもたってもいられなくなった。予定を変更し、その日のうちにロスに飛び、残りの滞在期間の何日かをハリーと過ごした。大分年老いたが、覚えていてくれた。お土産のにぼしを見せると、相変わらず眼が輝いた。

翌年春、ハリーは空に還った。思えば、最後に会えたのは、ハリーが呼んでくれたのかもしれない。

今でも台所で野菜や果物の皮を剥いているとき、昼寝をするとき、ふとしたときにハリーを思い出す。以前、発声の授業に参加したときには、「ただ読むのではなく、誰かがそこに居て、聞かせるような気分で声を出して」と言われ、私は迷わずに目の前にハリーがいるように想像してやってみた。以後もそんな状況になるとそこに居るのは、いつもハリーだ。

丸くなってそばに居るハリーは私の声にふと頭を上げ、やれやれうるさいなぁ、とため息をつき、愛想のようにしっぽを一度パタリと振ってまた、昼寝に戻るのである。

風光る

中学生だった。

「これ、面白いから、読んでみて」

ある日、友達が『風光る』という漫画を貸してくれた。

「幕末青春グラフィティ」と銘打たれたこの漫画。舞台は幕末の京都。新選組の中途採用の試験から話は始まる。入隊志望の神谷清三郎と名乗る若き剣士、実はセイという女子。性別をいつわって入隊し、沖田総司の下に配属される。女子であるという設定は様々な問題を抱えているが、「マンガだし」と誤魔化さず、時代背景も踏まえつつ具体的なエピソードも交えてクリアされていたのが、妙にリアルだった。私は一気に、若者たちが思想を持って短期間にぶつかりあった幕末の虜になった。

新選組には「局中法度」と呼ばれる規律があった。士道にそむくまじきこと。以下四箇条続くが、これらに違反した者は切腹を申しつけられる、そんな厳しい掟だった。突然敵からの襲撃を受けても、それが後ろ傷だった場合、士道不覚悟として罰せられる。そして沖田はひしゃくやしゃもじでセイの頭を後ろからポカリとやり、ふざけ半分で「そぉれ、後ろ傷！」なんて言うのだ。セイは当然「何を不謹慎な！」と怒るのだけれど、それがいつしか本当の不意打ちにも対処できるようになるための訓練だった——？

　そして、それを学校で再現してふざけるという、もっと不謹慎な私たち。定規や手刀で「そーれ、後ろ傷じゃー」と言いながら友人を後ろから斬る。今思うと、どこから突っ込んでいいのかもわからないくらい、変な中学生だった。

　その頃、歴史の授業もちょうど幕末にさしかかっていたので、私たちの「幕末熱」はさらに加速した。休み時間に歴史の先生に質問をしに行ったり、放課後に集まって教科書を開いて、ああでもない、こうでもない、と言いながら歴史勉強会を開いたりもした。

「歴史って楽しい！」

　本格的にそう思った頃には、学年は変わり、歴史の科目は政治経済に変わってしまった。しかし、与えられるよりも奪われる方が人間、燃えるというもの。

　そんな私を含む「風光る愛好会」が中学卒業の記念旅行

に選んだ先は、もちろん京都。漫画に基づき、その頃刊行された観光案内本『風光る京都』を参考にした、幕末京都ツアーだった。新選組の面々が寝泊まりしていた八木邸には、当時珍しかったガラスの障子も、芹沢鴨が襲撃された際につまずいた文机も、鴨居の刀傷もそのまま残っていた。何より、そこに居たボランティアの御老人が、ついさっきまで彼らが居たかのような話し方をするのに驚いた。思わず全員正座で聞き入ってしまった。

「卒業記念・幕末京都の旅」以外にも、東京では、新選組幹部の集った場所であり、副長土方歳三の生家や墓地、道場のある日野、土方歳三の像や土方歳三饅頭のある高幡不動尊を巡ったり、近藤勇の終焉の地である板橋で行われている滝野川新選組まつりに足を運んだりもした。

ほどなくして私は本格的にモデルの道を歩むことになるのだけれど、そこからが新しい「歴史の旅」の始まりだった。地方に撮影やイベントで行く機会が増えたのだ。泊まりがけの仕事があれば、その前後に時間を取れるだけ取って、様々な史跡を巡った。川越、大阪、京都、長崎……神社仏閣、城に資料館。京都ロケでは、仏像に造詣の深い先輩モデルのはなちゃんから御朱印帳の存在を教わり、以来御朱印集めを続けている。

車の免許を取得して初めて一人でドライブした先は、会津若松だった。新選組の母体である会津藩主松平容保の墓、会津藩と縁がある幹部斎藤一の墓、その斎藤一が建立したであろう近藤勇の墓、戊辰戦争における悲劇、白虎隊の墓と資料館がある飯盛山……日帰りの予定を急遽変更し、戦線北上の道中、土方歳三が傷を癒したいわれのある温泉につかって、翌日は大内宿という昔ながらの宿場に寄って名物の蕎麦をたぐった。

……と、いちいち挙げていたらきりがなくなるけれど、とにかく暇を見つけてはなるべく幕末を中心とした史跡や神社仏閣、展覧会などに足を運ぶようになったのだった。

そうこうしているうちに、歴史に関わるお仕事をいただくようになった。今いくつかやっている文筆活動も、歴史小説の書評を書いたのがきっかけだ。歴史のお仕事のなかで様々な場所に行くことになったり、本も読むようになった。とても良い循環が続いている。

そして運命の日はやってくる。あるファッション雑誌の専属モデルの仕事をすることになり、さらにその雑誌で連載までさせていただくことになったのである。編集者の方から「何かやってみたいものがあれば、提案してください」と言われ、「一度、マンガをテーマにして下さい！　そして、できるなら、『風光る』の作者、渡辺多恵子さんとコラボしたいです」（そのファッション雑誌と『風光る』が連載されてい

たコミック雑誌は出版社が同じだった)。連載初回からそんな話をして、連載十五回め。二年めに達したところで、やっと、念願のマンガ特集が組まれることとなった。そして、本当に夢が叶ったのだ。渡辺多恵子さんはコラボを快諾してくださった。

「とりあえず、何をやるか、打ち合わせをしましょう」

と、わざわざ担当の編集者の方と、私が撮影しているスタジオまで足を運んでくれた。

「は、はじめまして!」

緊張の面持ちで挨拶をする私。でも、実際にお目にかかると、単行本の巻末のおまけ漫画にご自身が描かれている自画像の印象と一緒だったので、初対面とは思えぬ安心感があった。

「書簡の往復は一度、あったのよねー」

何と、覚えていてくださった! 十代の頃、雑誌で『風光る』を紹介したときに、「掲載させていただきました!」と年賀状で一筆したためたことがあり、多恵子さんは返事をくださったのだった。多恵子さんのもとに「杏ちゃんが薦めていたので読んで、それでファンになりました!」とファンレターが来たのだそう。そんな返事をいただき、さらに何年か後に実際に会うことが叶うとは。

しかも、打ち合わせの結果、なんと似顔絵を描いていただけることになったのだ! すっかり舞い上がる私。打ち合わせ自体は小半刻……おっと、三十分ほどで終わった。

その時、多恵子さんが一言。「私たち、これから夕飯に行くけれど、杏ちゃんは時間ある?」言わずもがな、即諾。

そして、盛り上がる盛り上がる、初対面にして四時間以上の熱烈・幕末トーク。「ああ、もうそろそろ時間だね」と言われて初めて時間経過に気づいたほど。「また、ご飯しましょうね!」私たちはかたく握手をして別れた。

後日。多恵子さんと私は、ご飯がてらもう一度の最終確認……と集まった。

似顔絵を描くには写真が必要だけれど、こういうのを撮って送って、とやり取りをするよりは、会って好きなアングルで写真を撮っていただいた方が、確実で早い。

会合は夕方。カフェでお茶を飲みながら、またもや語る語る。多恵子さんはとっても話すのが好き!　と言いながら、どんどんと話題が出てくる。会話は止めどなく溢れ、とにかく面白い。私もふむふむ、ふむふむ、と相槌を打つだけでもなんだかとっても面白い。カフェからレストラン、デザートにまたカフェ、と結局三軒移動し、やはり何時間も経っていた。そして、最後にやっと本題に戻った。写真の私とマンガの私が対になって並んでいる、という構図で誌面を構成することになった。

「やっぱり、描くなら、和服よねぇ。和服の写真を送ってもらおうかしら」

「でも、多恵子さんの思うアングルの写真を撮るのがベストですよね?!」

「まぁ、そうと言えばそうだけど……」

「それなら……じゃあ、いっそ今から家に来てください！　私、急いで浴衣に着替えるので、多恵子さん、写真を撮ってください！」

急遽、家に来ていただいて撮影会をすることになった。多恵子さんは物で溢れるアジトのような私の部屋にも嫌がらず来てくれた。私はすぐ浴衣に着替え、お茶を出す暇もなく、ポーズはああでもない、顔の角度はこうでもないと話しながら何枚も写真を撮り、撮影は無事に終わった。

さらに何週間か後。多恵子さんは「似顔絵って、ホント苦手だから、絶対期待しないでね」なんて言っていたけれど、完成した絵を見た瞬間、息が止まった。髪を後ろに結び、桜色の頰で笑んでいる私が、新選組の隊服を身にまとっているのだ。『風光る』の世界の中の私。こんなに幸せなこと、誰が想像できただろう。

学校の廊下で「後ろ傷ぅ〜」をやっていた十年前の私に見せたら、なんて言うだろう。『風光る京都』を片手に炎天下の京都を駆けていた私に、会津に居た私に、聞かせたら。先日はなんと、『風光る』新刊の帯まで書かせていただいた。

そして今月。二〇〇九年流行語大賞のトップテン授賞式の中に、私は居た。歴史を愛する女性を指す言葉、「歴女」の代表に選ばれたのだ。私が生み出した言葉ではないけれど、その言葉を表わす人として選んでいただき、何とも言えず感慨深かった。『風光る』と出会って十年。一度もぶれることなく、歴史を好きでい続けられたのは、この出会いがあったから。「歴女」は年間大賞は逃してしまったものの、この言葉が生まれたこと、そしてその言葉の代表に選んでいただいたことに大きな意味、喜びを感じた。

壇上に呼ばれ、マイクを渡され、私は高らかに吠えた。

「まっこと、ありがたき幸せに存じまする!!」

会場、失笑。ま、いいのである。それがし、何より楽しんでおりましたゆえ。

おじいちゃんはおまわりさん

私はおじいちゃん子である。目の中に入れても痛くないくらい可愛いとよく喩えるが、それなら何度か目の中に入ったんじゃないのだろうか、と思うくらい、おじいちゃんは小さい頃から私を可愛がってくれていた。まだ二歳になる前、家族旅行で行ったハワイへの飛行機の中で泣き続ける私を、ほとんど座らずに抱っこして通路を歩いてあやし続けたという逸話も聞いている。幼稚園の頃だろうか、よくおじいちゃんの晩酌している膝の上に乗っていたのを覚えている。酔っぱらって気分の良いおじいちゃんが、椅子の前足を浮かせてブランコ状態にして、私を喜ばせてくれる。はしゃいで勢いよく突っ張った私の足がテーブルを蹴とばし、おじいちゃんは椅子ごと後ろに吹っ飛んだ。私はおじいちゃんの膝の上に居たからなんともなかったが、後頭部をしたたかに打ったおじいちゃんはさぞや痛かっただろう、大事(おおごと)にならなくて本当に良かったと思う。

おじいちゃんはお酒を飲むとぽつりぽつりと昔の話をしてくれる。歴史のことを聞けば、どんなことでも何も見ずにいろいろと話してくれて、後日それに関する本を、蔵書の中から送ってくれる。新選組の本も沢山もらった。私の歴史好きは、おじいちゃんが育ててくれたのだ。そんなおじいちゃんの生きた時代、昭和。明治維新以来の、大きな変革があった時代。おじいちゃんの経験談はときにハチャメチャで、信じられないような奇想天外なエピソードが満載で、私は毎度夢中で聞き入っている。いつかまとめてみたいと思っていたので、ここで紹介させてもらおうと思う。

おじいちゃんは昭和三年に青森県弘前市で生まれた。第二次世界大戦中は、陸軍の少年飛行兵に志願（当時は空軍はなく、陸軍なのだそうだ）。晴れて合格し、琵琶湖近くの大津陸軍少年飛行兵学校に、遠路はるばる行くも身体検査で片耳が悪く失格。故郷に帰される時は、さぞや恰好悪いだろうと恥ずかしくて、駅に降りてから、こっそり神社の裏道を通って帰宅したそうだ。

戦争が終わって、大学に入り、弁護士になろうと上京を決意。しかし当時、食糧難のため、東京に入るのが制限されていたそうで、列車の切符も簡単に買えなかった。そこで募集のあった警察官になり、東京にやってきたのだ。以前、『警官の血』という本を読んだことがあるが、戦後、警察官になる人たちの動機は様々だったと思う。おじいちゃんも貧しさから一旗あげに来たのだ。警視庁に入り、夜は大学という二足のわらじを履いての生活が始まった。しかし、ほどなくして結核にかかり、大学を中退、学業は断念せざるを得なくなってしまった。

仕事も安定したころ、そろそろお嫁さんを、と周囲から勧められ、見合いをすることになった。しかし、きちんと制服を着て写真館で撮影した写真は、郷里に送ってしまっていた。手元に残っている写真は飲んだ時に撮影された、ただの酔っぱらいスナップ。改めて見合い写真を用意するお金は無く、仕方なくそれを先方に見せたところ、当然の如く断られてしまった。そしてその後、上司の結ぶ縁で月島に住む江戸っ子娘と結婚することになった。彼女が私のおばあちゃんである。おじいちゃんはおばあちゃんが大好きで、「いやぁ、不幸中の幸いと言うか、あそこで断られていなかったら、おばあちゃんとは出会えなかったんだよぉ」と話してくれた。おばあちゃんは、スナップを見て良いと思ったのだろうか。どんなスナップだったのか、ちょっと見てみたい。

結婚式は昭和三十三年。なんと、そのときの八ミリフィルムが残っていたので、写真屋でDVDに焼いてもらった。音は無く画像も粗いけれど、歴史の中の出来事のような映像が、自分のよく知る人の大事な場面だと思うと、なんだか感慨深いものがあった。

ここで、新たな登場人物にゲストで登場してもらう。おじいちゃんの同僚、名前はコンちゃん。彼のレジェンドをいくつも聞いたが、私はそのたびに『こちら葛飾区亀有公園前派出所』というマンガに出てくる破天荒な警察官、両津勘吉を思い出す。両津が特別なのではなく、昭和の警察はじめ、社会のシステムそのものが今よりもずっと、混沌というか、ある意味自由だったのだろうという気さえしてくる。実際そうだったのだろう。戦後間もない警察は、幕末の新選組と似ているような気がする（語弊があったら、ごめんなさい）。荒廃した土地を治めるために、様々な人が集められたのだ。おじいちゃんは、飢えが当たり前だった当時、同僚が鳩を捕って鍋にしたのを見たという。鳩が休んでいるところに向かって突如懐中電灯の光を向けると、びっくりして落ちてくる鳩がいて、それを捕まえるのだという。おじいちゃんは猫鍋に誘われたこともあったが、なんだか気味が悪くて遠慮したのだとか。

話をコンちゃんに戻す。コンちゃんはかなりのおっちょこちょいだったそうだ。ある時、派出所のななめ前の駄菓子屋から万引きした子供が走り去った。後ろからは店主の「ドロボーーー!!!」という声が響き渡る。驚いたコンちゃんはとっさに銃を構えた。銃声がこだまする！　幸い弾は誰にも当たらなかったが、もう一つ起こした事件と相まって、コンちゃんは処分されてしまった。その事件が起こったのは、コンちゃんが首相官邸近辺の警護をしていたときだった。特に何も無いまま時間が過ぎてゆく。余程、退屈だったのだろう、拳銃のトリガーに指をひっかけてぐるぐると回し、ウエスタンカウボーイの真似をした。安全装置のようなものがはずれていたのか、とにかく銃は暴発。当時焼け野原、遮る物は無かった。飛んだ弾はあろうことか、アメリカ大使館の方まで届いたとか。冷静に考えると、どちらももの凄く恐ろしい事件なのだが、それはもう時効で笑えるのだろう。コンちゃんはひょうきんもので、誰からも好かれていたという。

おじいちゃんの警察官時代の話も、コンちゃんに比べれば可愛いものだ。今では勤務中だけ拳銃を携帯し、あとは特別な場所に保管するのだそうだが、昔は警察官一人ひとりが、それぞれの拳銃を管理しなければならなかった。当然、休日も持ち歩かねばならない。買い物をして小銭を出そうとした時に、ポケットから拳銃がゴロンと出てしまい、お店の人を驚かせてしまったこともあったそうだ。また、当時日銀の現金輸送貨車の警護という出張もあったそうで、網走まで警護、当然帰りは任務完了で気が緩む。貨車のトイレで用を済ませると、なんと棚に拳銃を忘れてしまったという。慌てて戻ったらそのままだったので事なきを得たけれど、「あれはゾッ!としたなぁ」とおじいちゃんは笑う。

おじいちゃんは登山や釣りが趣味で、休みを取って出かけることもあった。しかし、年末年始はなにかと忙しく、休みは取らせてもらえない。しかし、海が呼んでいたのだろう（本人は釣り好きな同僚が強引に誘ったと言うが）、おじいちゃんは風邪、体調不良などあれこれと理由をつけて休み、釣りへとこっそり出かけた。そういう時に限って、大物が釣れるのだ。大きなひらめを釣り上げたおじいちゃんは、スポーツ新聞記者から取材を受けた。ずる休みはばれてはいけないけれど、大物を釣った喜びは隠せなかったのだろう。サングラスにマスク姿で翌日の新聞に載ったらしい。

新聞といえば、おじいちゃんが丸の内署にいた頃の話。「タヌキが出てきて、はねてしまった」と通報があって、おじいちゃんは神宮外苑に駆けつけた。今でも丸の内でタヌキが自動ドアを開けて入ってきたなどニュースで見かけるが、当時としても珍しかったのだろう。その場に居合わせた新聞記者が写真を撮り、記事にした。おじいちゃんはタヌキを持って写っている。なんとも平和だ。当然、おじいちゃんは事件にも遭遇している。「皆が調べに行く方とは逆に行ったり、また現場に戻ったりして、アレ？って思うところにちょうど犯人がいたりするんだよ」と語るが、それは警官の勘なのだろう。「まぁ、運も良かったのかな」とも言っていた。私が初めて刑事役を演じるときにゆずってくれた、退職記念に警視庁から賜ったメダルは、宝物として大事にしまってある。

そんなおじいちゃんだが、定年二年前に退職している。理由は知らないが、当然周りは止めたそうだ。何ともロックな生き様である。そして還暦の際には、自分の人生を残し伝えておこうと、自身の略歴を「手配状」の形にしたため、四人の子供たちに配ったという。私はそのエピソードを聞いて、なんてセンスのあるおじいちゃんなのだろう‼　と感激した。おじ、おば、親にも手配状を見せてほしいと頼んだ

が、「あー、あれ面白かったけど、どこにいったかなーー」となんとも気のない返事である。

それから二十年以上の時を経た今、おじいちゃんは八十歳を超えた。私が生まれた頃から「俺はいつ死ぬかわからないから、今日が最後の酒だ」と毎晩晩酌をしているが、そういう人に限って元気なのである。今度は孫に向けて、新たな手配状を作ってくれないかと目論んでいる。

タケちゃんマンさんとの対話

どうしようもなく様々な種類の様々な物が散らばった部屋を片付けていたら、B5のスケッチブックいっぱいに書き込まれたメモが出てきた。良いお話が聞けたから、忘れないように、その日のうちに、とメモを取ったのだと思う。

メモを取った日を思い出してみる。今（二〇〇九年）から三年ほど前のことだったと思う。パリで私は、ある日本人の家庭に居候していた。コレクションのシーズンで、毎日バタバタとパリの街を駆け回っていた。

「今日の夜はタケちゃんマンが来るから、杏ちゃんも会ってみない？」と居候先のお母さんが声を掛けてくれた。

「タケちゃんマンさん？」

「そう。学者さんでね。皇后陛下の御歌をフランス語に訳したり、三島由紀夫さんとも親交があった方なの。いろいろお世話になっていて。フランス語ペラッペラなのに、なぜか水道電気の手続きはできないっていうアンバランスさも持っていて、そんな時にはこちらからお手伝いに行ったり。今日はうちに夜ごはんを食べに来るのよ」

タケちゃんマンとは、学者竹本忠雄さんのことだった。さすがに直接そうは呼ばないらしいが、ここの家の子供たちに説明する際に「タケちゃんマンが来るよ！」と言うらしい。

夕方、子供たちは学校や習い事から、お父さんも仕事から帰宅し、お母さんは夕飯の支度をしていた。私が部屋でこまごまとした用事をすませていたら、チャイムがなった。

「タケちゃんマンだ！」

と子供たちは玄関へと駆けてゆき、扉を開けてコートやカバンを預かり、食卓へと案内していった。まだ小さいのに、人懐っこくて、きちんとしている。

食卓を囲んだのは、竹本さん、家族、居候の私。食事が終わると、お母さんは片づけに、子供たちは思い思いに散っていった。私は幸いなことに竹本さん、お父さんの晩酌の輪に入れていただいた。

竹本さんは、こんな二十歳になったかならないかの小娘に、たくさんの素敵な話をしてくださった。ここからはメモを参照しながら紹介するので、いささか散文的になってしまうと思う。

「フランス人と日本人の違いは何だと思うかい？」

まずこう聞かれて、パッと答は浮かばなかった。違うところは山ほどあるような気がするし、でもきっと、この答はそれらが凝縮された、シンプルな一言なんだろう。

「フランス人は〝non〟、日本人は〝yes〟なんだ」

おお、なるほど、確かに。

「フランスでは、人に同調するにしても、ひとまず自分の意見を言う。黒色の意見に対し、灰色から進めていく。人と違うことは良いことだ。そんな気風があるんだろうね。そうだね、例えば……〝コレが好きだ！〟って意見に対して、フランス人は、自分が嫌いだったら、〝私は嫌いである〟と主張する。でも日本人は、自分が嫌いだった場合でも、〝そうなんだ〟とその意見を認めようとする。まぁ、心理学のレベルから言って違うんだよ。そんな訳で、日本とフランスは基本的なところから違うかもしれない。でも、日本には〝武士道〟、フランスには〝騎士道〟がある。これらは実はとても良く似ている。だから、日本とフランスは必ずわかりあえるはずなんだ」

「反論というのも実は大事なんだ。テーゼ（論）とは、すなわちアンチテーゼ（反論）なんだ」

竹本さんの言葉は、本の見出しのような、ぐっと人を惹きつけるキーワードから始まる。本論を聞く前に、それってどういうことなんですか⁈と、興味が湧いてくるのである。私の耳は竹本さんにロックオンされっぱなしだった。

ほうほう、へぇへぇと相槌を打ちながら、だんだんと私の身はテーブルに乗り出していく。

「今まであるものに反論して、自分の考えを述べるのが論文なんだ。日本の学生は、教授がマルをつけるような論文を書くことが多い。――教授がいけないのだろうけれど――それは堕落を助長させることに他ならないんだ。アインシュタインでさえ、過去の概念を打ち壊して、『相対性理論』を発表したのだから」

「そう、アインシュタインと言えば……。フランス語、中国語には罵る言葉が沢山ある。日本語には少ない。逆に慮る言葉や謝る言葉は豊富。アインシュタインの言葉でこんなものがあるんだ。〝日本に、中国ほどの罵倒のボキャブラリーがあれば、日本はもっと誤解をされずに済んだのに〟――ってね」

「確固たる歴史認識、そして崇高な精神。両輪成り立たなければ日本は真っ直ぐ走ることができないんだ。例えば新約聖書にこういう言葉がある。

〝シーザーのものはシーザーに返せ。神のものは神に返せ〟

シーザーのものというのは、当時ローマの硬貨にシーザーの顔が彫られていたことから、お金や物質を表すんだ。物質や金のことは、物質や金で解決せよ。でも精神は渡してはならないよ、というキリスト教の信念なんだ」

ここで、私が質問をした（と、メモにはある）。

「竹本先生、その教えは、どういったものだったのですか？　ローマって、何だったんですか」

竹本先生は答えた。

「一票の差だよ、マドモワゼル」

「ローマという文明は、滅びるまでに千年かかった。ローマの教えというのは、ストイシズム。今で言うストイックで、自分の欲望を抑制するという考え方だった。ローマの文明の次は、どういったものになるか？　当時の予想では、大半の学者は〝ストイシズムから発展させられたものだろう〟と思っていた。しかし、ローマが終わり、現在に至るまで世を支配しているのは、〝キリスト教〟なんだ。当時迫害されていたこの宗教が、今やフランスで、世界中で、とってかわっている」

「ルイ十六世がギロチンにかけられたのも、一票の差なんだよ」

ここで私がまたもやトンチンカンな受け答えをしたようだった。

「一票の差……日本で言うならば、小早川秀秋ですかね」

私はおそらく、竹本さんの言っている内容を全ては理解できていなかったと思う。でも、聞いていて、間違いなくそれは面白かった。わかることも、わからないことも、とりあえず全てをメモしておこうと思ったのだろう。メモを取りながら会話したというわけでもないのに、後になってびっしり書き込むほどの衝撃があったのだろう。

そうして、竹本さんは私の問いかけに「そう、そう」と応えてくれた。

「一票の差とはいえ、ギロチンにかけられたのが〝歴史〟。〝歴史〟とは、必ずしも真実ではないのだよ。過程ではなく、結果なんだ」

その後竹本さんは、様々な戦争や日本について語ってくださった。

「歴史では、迫害され続け、精神を磨き続けた者たちが次の主導者となっていくんだ」

「それが、大和民族であると良いですね」と私は言った。

「そう願うよ。そうなればどんなに良いだろうね」

「たとえば、人が本を沢山の量読むのは容易ではない。私たちインテリの役目は、百冊読んで、一冊にまとめて人々に伝えることなんですよ」と竹本さんは微笑んだ。

もっと聞きたい。もっと教わりたい！　と思ったけれど、夜は案外早く更けていった。

最後に、竹本さんは不思議な持論を教えてくれた。

「偉人はね、十一月に死ぬと僕は思うんです。三島由紀夫、アンドレ・マルロー、シャルル・ド・ゴール……フランスのお盆も十一月なんですよ」

ここでメモが終わっている。一ページでは収まりきらず、次のページまで進んでいた。

自分の身にあったことを忘れちゃいけない！　残さなきゃ、と思う癖は小学校の頃毎日書かされた日記から来るのかも……あるいは、歴史が好きになったから、自分も何か残しておきたい、忘れたくないという思いからかもしれない。

しかし、こうして何年か経って思い出すことができるのだから、メモを取ったのも無駄ではなかった。手前みそになってしまうけれど、メモした自分を褒めてあげたくなった。完璧に記憶に残すことは難しい。だから、残しておくべき経験は、メモを取るべきなんだ

と過去の自分に教えられた。そして私は今、こうして「ふむふむ」にて出会いを記し残している。

竹本さんは、今パリで何をしているだろうか。次は、いつ会えるのだろうか。一度しか会っていない、とは思えないほどインパクトの強い出会いだった。あれから何年も経った。今度パリに行ったらこの「ふむふむ」とワインをお土産にして、また盃を酌み交わしながらお話を伺えたら、と思う。赤ペンも持参した方が良かったりして。

陶芸とマタギの旅

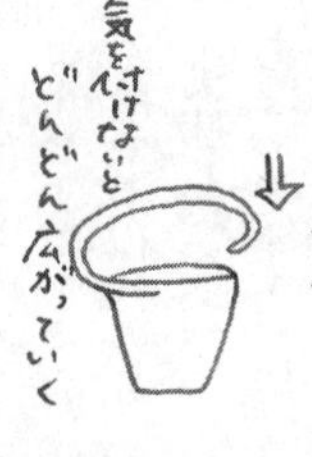
手びねり
気を付けないと
どんどん広がっていく

「あの、初めて電話するんですけど……、先日、そちらのお話を伺いまして、ぜひ陶芸を教えていただきたいのですが」

「はい、もちろん、いいですよ！ところで、どなたからの紹介ですか？」

「ハァ、それが、覚えていないんです」

出ました、簡易記憶喪失。

数年前、「誰からの紹介か忘れたけど、とにかく話を聞いたから」という、どう見ても怪しすぎる電話を私はかけていた。実際、それは本当で、その窯元の話を聞いたとき、「絶対に行ってみたい！」と手帳にメモを取った。そこまでは良かったが、誰からその話を聞いたのか、さっぱり思い出せない。実は、今も思い出せない。恐らく、勧めてくださったのは女性だったと思うけれど、それ以上は何ともはや……。そんな恩知らず、かつ怪しい電話をかけただけの私を温かく受け入れてくれたのが、陶芸家のKさん御夫妻だった。窯元は、伊豆にあった。

電車でやってきた私を、駅まで迎えに来てくれたKさんは、直接窯元には向かわず、そのまま車に乗って伊豆の山を回り、プチ観光案内をしてくれた。車が停まった場所は、霧の立ち込める緑の空間だった。

「ここが、わさび田(だ)ですよ」

しっとりとした空気が爽やかに頬に触れる。息を吸うたびに、身体が浄化されていく気がした。水が綺麗じゃないと、わさびは作れないらしい。なるほど、納得。

私はそれまでずっと、わさびが食べられなかった。子供の頃から、回転寿司に行っても常に手渡しのさび抜き。カレーも十八歳まで苦手だった。カレーは、モデルを始めて、出版社のある神保町で仕事をするようになってから、好きになった。コーヒーは、ミラノでエスプレッソを飲んでから好きになった。カラシは、大阪のおでん屋で手作りのものを食べてから好きになった。どれも最近の話だ。要は、「本物」は、美味しいのだ。

わさび田を離れてすぐのところで、またKさんの車は停まった。「ちょっとオヤツでも食べましょうか……」小走りで売店に駆けこむと、また小走りでカップを手に戻ってきた。心なしか、Kさんはやけにニコニコしている。「これ、伊豆のアイスです」手渡してくれたカップの中には、美味しそうなソフトクリーム。横には、スプーン一杯ほどのすりおろしの生わさび……。

ワサビ、食ベラレナイ。デモ、確カ、本物ノワサビ、甘イッテ誰カガ言ッテタヨネ……。デモ、アイス……。混乱しながらもスプーンを口に運ぶ。

「うっ……?!」

きたきた、今までに何度も誤食した経験からも察知できる、わさびのあの、鼻に抜ける感じ。でも、どこか違う。スーッとしていてもむせるほどの刺激は無く、さっぱりとするのだった。そして何より、「誰かの言葉」は本当だった。新感覚。そう、生のわさびは甘かった!!

「お、美味しい……」驚きながらもつぶやいた私に、Kさんは「そうでしょう、そうでしょう」と、目が線になるほど微笑むのだった。

車は、初めて見るのにどこか懐かしくなる、のどかな田園風景を走っていった。窯元は、田んぼの中にあった。舗装されていない砂利道の坂を、車はゴツゴツと音を立てながら滑り落ちるように下った。

Kさん家族が住む、仕事場と自宅とギャラリーを兼ねている日本

家屋は、今から百五十年前に建てられた民家を改築したもので、裏の緑あふれる山、横を流れる小さな川、玄関わきに生えている大きな柿の木、縁側を挟んで建っている母屋よりもっと古い蔵、全てが直球ストライクで私の心をわしづかみにした。

「素敵な場所‼」

準備ができるまで、少し散策しておいで、と言われた私は家の周りを一周した。大袈裟ではなく、まるで本や映画に出てきそうな世界だなぁ、と思った。そういえば、土の上を歩くのすらも、久しぶりだった。

「はい、じゃあ、準備ができたから、手を洗ってこっちに来てー」と呼ばれたのは、母屋の横にある、アトリエ。外の流しで手を洗ってから中に入った。蛇口から出た水が、やけに冷たかった。

「まずは、ここは僕がやっちゃうけど、見ててね。これは菊練りと言って、土をまんべんなく混ぜる方法。これが陶芸をするうえで、最初に必要な技術なんだ」

生地を回しながらこねると、こねた跡が少しずつ横にずれて菊の花のような形になるから、菊練りと言うのだそう。ここから、様々な技法を使って作品が生まれる。

「今回は、入門編として、ろくろで幾つか作ってみましょうか」

陶芸は、確実に性格が出る。ろくろは、一瞬で作品の形が変わってしまう。せっかちなのに、瞬発力がにぶい自分の性格を、嫌というほど感じた。しかし、なんとか湯呑をいくつか作ることができた。少し時間が余ったので、使いかけの粘土で思うままに箸置きや人形を作った。「土って、触っているだけで癒されるでしょう」とKさん。「今度来た時は、じっくりと土に触れながら作る、手びねりで作品を作ってみましょうね」

そうこうしているうちに、「オトン、ご飯できたから！」と、Kさんを呼ぶ奥様の声がした。そう、ここは陶芸を教える場所でもあり、作品を展示販売する場所でもあり、Kさんの作品で奥様のお料理をいただく場所でもあるのだ。色とりどりの料理が、これまた色とりどりの器に盛られて出てくる。盛り付けや器の活用法の勉強にもなった気がした。

美味しい美味しい料理に舌鼓を打ちながら、私は「次回は必ず、泊まりがけで手びねりを学びに来ます！」と宣言した。

「手びねり」の機会は、それからすぐに訪れた。モデルのMちゃんと、ドライブで泊まりがけの陶芸温泉旅行。二泊三日でお世話になることにした。

午前中に都内を出発して、午後には窯元に着いた。Mちゃんも、この場所に感激している。今回は手びねりでお抹茶碗を作るところから始めた。外はしとしとと雨が降っている。手びねりは底の部分から紐状の粘土を積み重ねるようにして作っていく。高さを足しては指で形を整え、広がらないように気をつけながら器の形にしていく。

作業が一段落して、お茶を飲むことにした。台所では、奥様と、お手伝いに来ているエミちゃんが待っていた。エミちゃんは二十代なのに携帯を持っていなかったり、家の壁をペイントしたり、少し変わったアーティスティックなお姉さんだった。彼女も、Kさん御夫妻のことを「オトン、オカン」と呼んでいるし、話を聞いていると誰にでもそう呼ばれているらしいから、私たちもそれに倣うことにした。

「作業の続きは明日、粘土が少し乾いてからが良いんだけど、この雨じゃあ明日の午後からが良いかな。あ、オカン、タケチマンって明日何しとるかな」

「あぁ、もうすぐ来るだろうから、訊いてみると良いね」

「タケチマンって、どなたですか?」と訊いてみる。タケチマンは伊豆の山のマタギなんだそうだ。タケチマン。どこかで聞いたことがあるような気がする。ある一定の年代の、タケが付く人は、きっと皆タケチャンマンと呼ばれるのだろう。それが、ここの場合ちょっと縮んでタケチマンなのだ。

「すっごく面白い人なのよ！　明日、どこかに連れて行ってくれたら良いねぇ」と、オカンが噂をすると、遠くからガタゴトと音がした。「あ、タケチマンじゃない？」とエミちゃん。

小さなトラックを運転して登場したのが、タケチマンと呼ばれるおじいさん、マタギだった。どんな面白い人なんだろう！　とワクワクしながら見つめる私たちを見て、細く、少ししゃがれた声で、タケチマンは言った。

「ヤァ、大きい女の子がおるが」

ひととおり自己紹介をすませた後、オカンがタケチマンに言った。「あのね、この子たち、明日もいるから、タケチマン、どこか連れてってあげてよ」「どこって、何がええがぁ」「山菜は?」「あぁ、そんなら山ぁ行って摘めばええがぁ。つまらんじゃないのかぁ」いえいえ、そんなことありません! と頭を振る私たち。なんたって、都会っ子ですから、山菜摘むのでも一大イベントですよ!!

次の朝、やはりトラックで来たタケチマンは、オカンから山菜を入れるためのビニールの袋を大量に受け取りながら、私たちに軍手をぽんぽんと手渡して、言った。

「んじゃ、行くかぁ」

タケチマンはタキシードを着たジェントルマンがリムジンのドアを開けるかのように、トラックの荷台の後ろの壁を、はずした。早く乗らんかね、と目が言っていた。

なんと、小説か映画で見たことがあるような(?!)、トラックの荷台に乗っての移動だった。いろいろな道具と一緒に、落ちないようにしっかりと荷台のへりをつかむ。ハラハラしたのははじめだけで、後はずっと心地よく、楽しくてしょうがなかった。気分は、エルマーの冒険??

しかし、驚きの体験は、まだまだあったのだった。タケチマンのトラックはどんどん山の道なき道を進んでいく。「どこに行くんだろうね?」と私たちふたりは、顔を見合わせた。

ゴトゴトガサガサと音を立て枝々をかき分けながら、けもの道をトラックで進んでいくタケチマン。

私とMちゃんはひたすら身を小さくかがめて、枝が頭の上をかすめるのを避けていた。まだ道が平坦だったうちは、風を感じながら「カントリーロード」なんかを陽光の下で口ずさんでいたけれど、そんな余裕はなくなっていた。しゃべることもなく、ドキドキしながら辺りを窺っていたら、いきなり、ポカンと開けた空間が目の前に広がった。

「ここだら〜!」

タケチマンのトラックは、その空間に差し掛かったところで停まった。山の中のポカリと開いた空間。イメージとしては、満月の夜に、森じゅうから動物や妖精が集まって、月明かりの下で踊る広場……のような。そんなメルヘンな空想もつかのま、私たちは必死で地面を這ってわらびを摘む作業に入るのであった。タケチマンの手にはさすがのスピードでどんどんとわらびが集まっていく。私たちの手にも、次第に「わらびのブーケ」が形成されていく。同時に、「いつの日か結婚式を挙げる機会があれば、わらびとわさびの花でできた、受け取った人はそのまま鍋で煮て食べられるようなブーケを作りたい」という野望を思いついた私は、それをその場で発表し、笑われていた。

山から降りる途中で竹林に差し掛かり、ここではタケノコ採集。「タケノコはのう、森の雑草とも言うら。放っておくとどんどん増えるんよ」と、食べられないくらい大きくなったタケノコに蹴りを入れて根っこから倒していた。ワイルドなタケチマンは、次はどこに行くのだろう？　渡されたタケノコを両手に抱えたまま、私たちは、羨望の眼差しを彼に向けた。

次に向かった先も、予想を遥かに超えたところだった。タケチマンの仕事場である。作業をする小屋の横に檻があり、そこには貫禄たっぷりの大きなイノシシが。少し離れた檻には精悍な顔をした犬が四、五匹。吠えもせず、じっと佇んでいた。近づくと檻に向かって突進してくるイノシシはともかく、犬なら……！　とじりじりと檻に近づく。尻尾を振り振り、エヘエへ！　と寄ってくるであろう予想とは裏腹に、彼らはこちらを一瞥して、また違う方向を見るのだ。クール

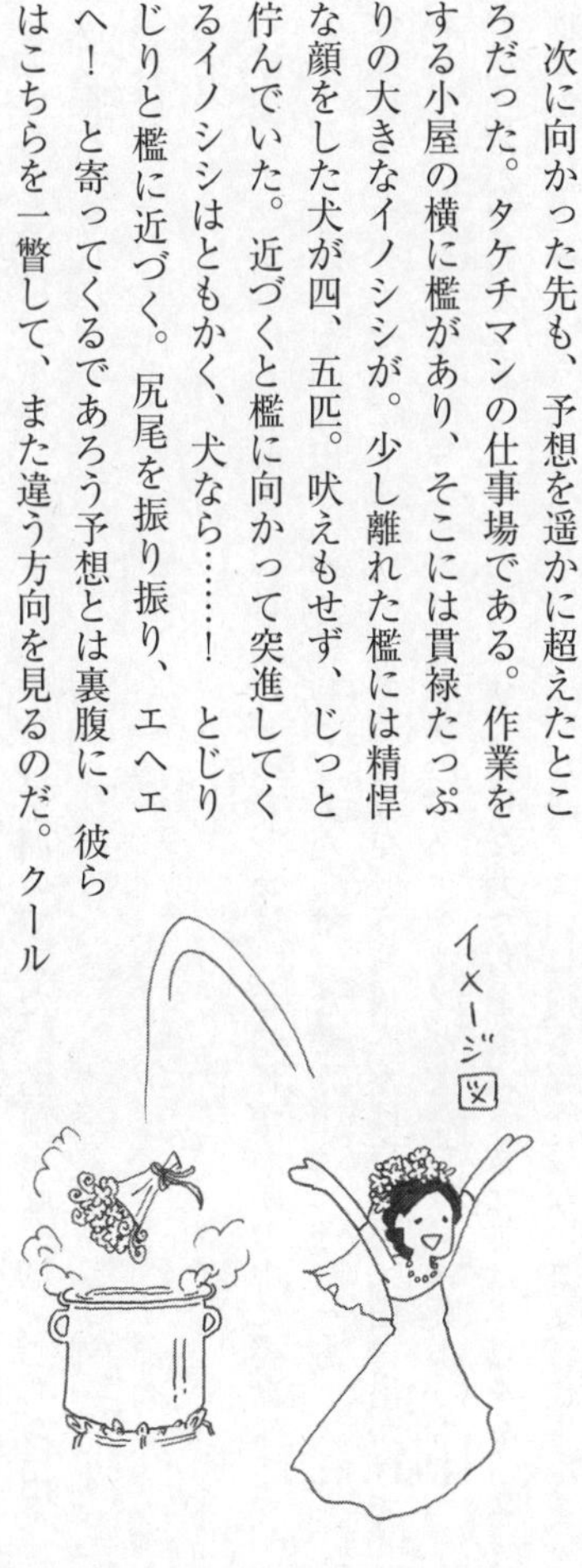

な犬たちだなぁ、と思い、タケチマンに名前を聞いてみた。名前を呼べば、こちらに寄ってくるかもしれない……。

「名前なんて、にゃ〜よ」

「えっ……!!」

当然、イノシシにも名前は無いらしい。イノシシはいつの日かお鍋の中に姿を変えてしまうだろうからその理由もわかるけれど、犬たちは、なぜ……? そもそも、犬たちは猟に連れて行くために、ここにいるのだそうだ。うち何匹かは自主的に山に出かけており、しばらくすると戻ってくるのだそうだ。タケチマンと犬たちは、言葉よりももっと違う何かでわかりあっているのだろう。無骨な犬たちを前に、私たちは「じゃあ、名前とか付けてみちゃう?」なんて言っていたが、ついに何も浮かばないまま、仕事場を後にした。

「んじゃ、帰り道に、たらの芽やら取っていくら……」

目の前には、田んぼ。たらの芽は、そのあぜ道に生えていた。横にはクレソンも。

「こいつらは勝手に生えるのじゃ〜」と、バッサバサ引っこ抜いてこちらへボンボン投げてくる。豪快である。

他にはゆきのした、せり、よもぎ、三つ葉も。こんなことを言うと笑われてしまいそうだけど、普段はお店でパックされた状態のものを手に取るだけの野菜たちが、本当に地面からの贈り物なのだなぁ、と改めて感激した。都会っ子であることを改めて思い知る。

タケチマンは、午前中に素晴らしく充実した時間を過ごした私たちと山菜を窯元まで送り届け、何でもなかったかのように、オカンからのお茶にも誘われず、ささっと帰ってしまった。「タケチマンはね、ああ見えて結構シャイなのよ」かかえきれないほどの山菜を受け取りながら、オカンが笑った。

午後はまた陶芸に戻る。昨日の続き、乾いたお茶碗をさらに形作っていく作業に入った。まだまだ分厚い表面を削り、底の部分からは高台を作り出す。うっかり削りすぎて穴を開けたらそこで失敗になってしまうので、作業は慎重に進めなければならない。「陶芸はね、作り手の性格、その人のありのままの姿がそのまま出るんだよ。だから、ある意味、裸をさらけ出すくらい恥ずかしくもあるんだ」とオトンは教えてくれた。

確かに、私の作品には私の性格や姿がそのまま映し出されてもいるようだった。ろくろでは、特に顕著にその傾向が現れる。大胆、せっかち、無鉄砲な性格の作品。そして、だんだん慣れてできるような気分になってきた作品。褒められたら褒められたで調子に乗って舞い上がったそのままを映し出した作品が生まれる。時系列に作品を並べると、誰もが「あぁ」と納得するような……。とはいえ、手びねりにも、その傾向はあるようだった。「なんかちょっと違うのを作ってみたい」と私が作ったのは、ちょっと楕円形

焼き燗用の徳利

クリオネに似ている

のお抹茶碗。構想とは裏腹に、お惣菜がこんなに似合う器も無いんじゃないか、という気分になってきた。再チャレンジの機会があったら、多分普通のお抹茶碗にするだろう。

夜は午前中にタケチマンと採った山菜づくしの食卓だった。山菜は天ぷらに。クレソンはサラダに。囲炉裏に徳利を挿して温める「焼き燗」も絶品だった。「ここで、この瞬間でしか口にできないもの」のオンパレードで、これ以上の贅沢は無い！　と唸った。

翌朝まで雨は降り続き、散歩がてら足を運んだわさび園には沢蟹がうじゃうじゃと発生していた。「天ぷらにすると美味しいんだよ」と昨日の余韻に浸るように言うオトン。もはや何の抵抗も無く「そうかぁ」と思える。横に油の煮えた鍋があったら、わしづかみにして放り込んだかもしれない。わさび園では沢蟹の代わりに、わさびと鮫皮の下ろし金を買った。

帰宅する前の最後の仕上げは、昨日よりさらに乾いたお抹茶碗にやすりをかけて、ざらつきや凸凹を除く作業。「大胆でせっかちで無鉄砲」な性格からそんな作品を作っていた私は、「慎重にゆっくりと事を運ぶ」性格からそんな作品を制作中のMちゃんより、早く作業が終わった。集中がすっかり途切れ、私はエミちゃんと一緒に、余った粘土で作った妙なポーズの人形をろくろの上に置いて回転させ、それをすかさず動画に撮って爆笑していた。いつのまにかタケチマンも様子を見に来ていて、人形を指さし「これも焼いたらええが」とオトンに話していた。オトンは苦笑いで「これは焼いたら頭が取れちゃうかもしれないなぁ……」と困惑。Mちゃんは周りの喧騒にも動じず、ひたすら作業に没頭していた。最後まで、ちゃんと性格が現れる。それが陶芸なのだろう。

この窯に来ると、実際に過ごしたより何倍もの充実した時間を過ごすことができる。誰彼となく入れ替わり立ち替わりでやってきては去り、いつも笑い声で溢れている。人とも、自然とも交流ができる場所。

それから二年後、また違う友人と訪れた時には、家族の中に大きな豚が二匹増えていた。大きな身体に小さくてつぶらな瞳が何とも言えず、可愛かった。初めて豚と一緒に散歩もした。この時もタケチマンは山菜採りに連れて行ってくれた。肝心の陶芸では、手びねり、ろくろに加え、織部の絵付けまでさせてもらえた。夜はバーベキューもして、たくさんの人が集まって夜更けまでどんちゃん騒いだ。またまた忘れられない、短くも濃い陶芸プラスαの体験になった。

「また、来まーす！」

駅まで車に乗せてくれたオトンは、いつものように目を線にして笑って、私と友人を見送ってくれた。帰りの電車で、私たちは東京に帰るまでに「作品が焼き上がるの、楽しみだね、また来ようね」と何回言ったか覚えていない。

作品が焼き上がって完成するまでに、何カ月かかかる。東京に帰ると、伊豆のゆったりとした時間が幻だったかのように時が早く流れていった。

気がついたら半年もの時間が過ぎて、ある日、窯元から電話がかかってきた。オトンの娘からだった。突然の電話に、内容を理解するまでに時間がかかったけど、オトンはもう帰ってこないらしい。朝まで元気で、娘を車で送ったりしていたのに、ちょっと具合が悪いから、と横になってからの、あっというまの出来事だったという。以前、オトンが「いつか、その時は、ポックリ逝きたいなぁ」と話していたのを思い出したけれど、それにしても四十代は早すぎたと思う。電話を切って暫くの間、空を見上げたまま動くことができなかった。

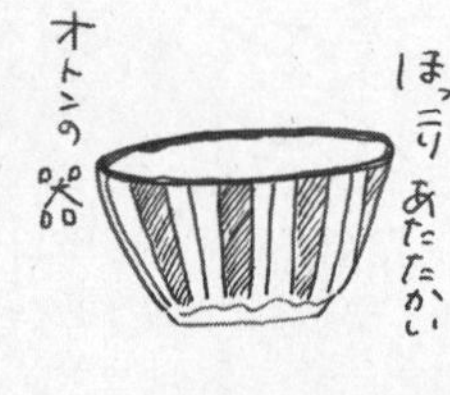

食器棚には、オトンから教わって作った作品と、買わせてもらったオトンの作品がいくつも並んでいる。私のは、「大胆でせっかちで無鉄砲」な性格が丸見えの作品ばかりで、オトンのは、「無骨な優しさと、温かで繊細」なオトンの性格がそのまま出ている。私はそれを時折、取り出しては手のひらにのせ、思い出に浸っている……というよりも、

毎日のように使っている。つい使いたくなる、魅力的で実用的なデザインだからだ。

改めて数えてみれば、窯元を訪れたのはわずか三回だった。それもきっかけは私がかけた、誰から教わったかも思い出せないけどとにかく行ってみたい、という怪しい電話だった。それを快く受け入れて、たくさんの体験をさせてくれたオトンや、周りの人たち。一本の電話から始まった不思議な出会いが、かけがえのない思い出となった。ずっと、忘れることは無いだろう。

穂高成人式

「二十歳になったら、連れていきたいところがあるんだ」

親友ノンのパパは、十代だった頃のノンと私にそう話していた。

ノンと私は、幼稚園以来の親友で、かれこれ二十年以上の付き合いになる。「エンドウマメ先生」の回でクラス替えのイタズラを仕掛けてくれたのもノンだ。私とノンは身長差がおよそ二十五センチ。周りから見れば凸凹コンビだけど、なんだかお互いを素直に親友と呼べる存在。そんなノンのパパ——私はノン父（ちち）と読んでいる——は、むかし山岳部、ワンダーフォーゲル部に所属していた。御年六十を数えても、毎年スノーボードや登山に繰り出している、ノンいわく「筋肉が締まって細くて黒くてむしろコワイ!!」スーパーおじさんなのだ。

そして私とノンはついに二十歳を超えた。いつの間にか二十一歳になっていた。「今

年の夏こそ行くぞ！　ノンちゃん、アンちゃん！」そうして私たちは、信州・穂高連峰に行くことになった。ノン父は毎年、この山々に登っているそうで、いわく「穂高に登れば、人生観が変わるから」とのこと。登山のスタイルは縦走。四日間かけて、山々の稜線を歩いていく。

北アルプス・穂高に行くには装備も揃えないといけない。靴やリュックサック、ウェアなど、ノン父から渡された「必要なものリスト」を手に、ノンと私は登山グッズ専門店に買い物に行った。私は身体が大きいので、どうしてもいろいろと丈が足らない。職業柄、肌の露出は最小限にしたいので、ほとんどメンズのＬサイズを選んだ。ノンはもちろん、レディースサイズがちょうど良い。「あれもいるかな、これもいるかな？」とおやつや水筒も買い込んだ。ウェア類がメンズだったので、水筒くらいは……と、可愛い花柄のものを選んで、穂高に向かうその日を待つことにした。

メンバーは、ノン父、ノン兄、ノン、私の四人。まずは車で上高地に向かった。駐車場付近は、これから登山をする人、下山してきた人で溢れていた。季節は八月のはじめ。「この、台風が来る前の季節が一番良いんだ」とノン父。完全装備でヨチヨチと歩く私やノンに比べて、ノン父とノン兄は半ズボンでさっそうと、笑いながら歩いている。

一日目は西穂高の山小屋を目指した。登山口では初めて登山届を書いた。何かがあれば、これが参考になるのだろう。「何か」が起こりうる山なのだ。これから始まる、「きっと普通の山登りじゃない登山」を前に、私の胸は高鳴ると同時に、気が引き締まった。

ぐいぐいと登山道を登っていく。悲しいかな、お気に入りの花柄の水筒には次々と本物の花と勘違いした虫が寄ってくるので、せっかくの花柄を隠して運ぶことになった。夏の山の緑は色深く生い茂り、ある時は行く手を阻み、ある時は目を楽しませてくれる。

「これだけ緑があるのは、ここだけだからね」とノン父は言う。これから歩みを進め、高度が上がり、森林限界というラインを越えると、木々はぐっと減り、植物の種類が変わってくるのだそうだ。そうなると水筒に寄ってくるような虫もいなくなるそうで、私はほっと一安心した。

山小屋にはまだ陽の高いうちに到着した。

「じゃあ、一日目の、乾杯だ！」

私たちは食堂に集まって、とりあえず乾杯することにした。今どきの山小屋はハイテクで、ヘリコプターで運ばれた生ビールやワインを飲むことができる。綺麗な景色に澄んだ空気。その中で分かち合うお酒の美味しいこと、美味しいこと。高度もそこそこあるので、少量で充分酔っぱらう。外に出ると、暖かい太陽の光と、きゅっと冷たい山の風が交互に頰に当たって気持ち良い。板張りの休憩スペースで、各々横になったりストレッチをしたりして過ごした。陽がストンと落ちてから、改めて夕食をとり、山小屋の蒲団を敷いて寝ることにした。着替えは持たないので、登山服のままで横になる。蒲団もギリギリ一人が横になれるくらいの大きさで、一部屋に八人くらいが頭を突き合わせて寝るスタイルだ。

山では自然保護のため、歯を磨くのも顔を洗うのも、基本的には石鹼を使わず、水だけで済ませる。「明日は明け方に起きて出発しよう」と出発時刻を定め、各々蒲団の中に入った。窓の外を見ると、落ちた陽の名残で、空はまだほんのりと赤紫色をしていた。普段はまだまだ起きている時間だったので寝られるか心配だったけれど、目を瞑って気がついたら朝になっていた。時計は六時を指していた。

ところで私の血液型はA型である。整理整頓の類は苦手だけど、旅行の計画の時なんかはタイムキーパーとして活躍することが多い。この日も出発予定時刻から仕度を逆算した時間にちゃんと起きた。ノンの一家はまだ寝ている。どこかで見た風景だ。私はノンや同級生五人で京都に行った中学の卒業旅行を思い出した。メンバーは私以外全員B型だった。前日に皆で決めていた起床時間に起きた私は、はりきって次々と皆の肩を揺すった。すると全員が口を揃えて「皆が起きたら起きる！」と言う。全員がそう言うのだから、いつまでた

っても誰も起きない。血液型占いというのは科学的根拠はなく、あくまでちょっとした話のタネだとは思う。が、ノン一家は……全員B型だった。

「あのう、そろそろ起きない？」

「……うん、もうちょっと大丈夫だよぉ」

八時半。結局、私たちは泊まっていたパーティの中でいちばん最後に山小屋を出発することになった。これがその後の明暗を分けることになるとは、この時は思いもしなかった。

この日目指すのは、奥穂高岳山荘。ここからいよいよ、縦走の名のとおり、山の稜線をつたって進むことになる。すでに小雨がちらついていたので、ザックカバーとレインウェアを着こんで歩き始めた。真夏だけど、高度が高いので気温はぐっと低い。ふかふかのネックウォーマーに、指先の開いた手袋をはめる。歩いているので身体はポカポカしてくるけれど、それでも立ち止まるとすぐに寒くなる。

昼食は西穂高岳山頂で食べることにした。標高二九〇九メートル。普段混みあっていると、山頂に留まることは難しいらしいのだが、この時は出遅れたせいか、幸いにも独占状態だったので、気兼ねなく腰をおろしてリュックサックからおにぎりを出した。ほんのり晴れ間もさしてきて、今まで見えてこなかった景色も開けて見えてきた。山頂で食べるおにぎりは、どうしてこうも美味しいのだろう。

「ねぇ、お父さん、あとどれくらいなの？」

おにぎりを食べながら、ノンが聞いた。小柄なノンが両手でおにぎりを食べていると、リスがドングリを食べているようで何だか可愛い。ノン父とノン兄はすでに食べ終わっていたので、地図を広げて見せてくれた。次の瞬間、私とノンは凍りついた。

「ぜんっ…ぜん進んでないじゃん……」

「まだ五分の二くらい……？」

ふたりとも、もうすでに大分歩いて、山頂という盛り上がるのにわかりやすいポイントにたどり着き、満足感も得た。行程の半分くらいは進んだだろう。さぁこれから山荘へ行くだけだ、という気分になっていた。……そんな生易しいものではなかった。何せ、「人生観が変わる」ほどの登山なのだから。

「だぁいじょうぶ、大丈夫！」

すっかり意気消沈したふたりを励ますように、ノン父とノン兄は豪快に笑って、荷物をまとめ始めた。

ここからが、本当の冒険だった。稜線歩きというのは、斜面を歩くことでもある。一歩一歩足を置くところを選んで進まなければ、あっという間に何百メートルもの崖の下に転がり落ちてしまう。休憩は、立っているわずかな幅の道にそのまま腰を下ろ

すだけ。すると、足は空中にぶらぶらとぶら下がった状態になる。間違ってもそのまま靴ひもを結ぼうとかがんだりしてはいけない。ノン父は明るく言う。

「こりゃ、天気があんまり良くなくて、良かったかもしれないなぁ。もし、あんまり天気が良くて見晴らしが良けりゃ足がすくむか、もしくは景色に見とれて踏み外すかもしれないから」

確かに、眼下には雲海が広がっている。その下まで見てみたいような、見たくないような。そういえば、山頂で記念撮影をして以来、ほとんど写真を撮っていないことに気がついた。見晴らしが悪いのと、何よりそれどころではなかったのだ。

一歩一歩足場を選んで歩くのは、ただ歩くよりずっと面白いけれど、体力の消費も多い。スポーツ万能なノン父やノン兄、大学生でダンスサークルに入り毎日踊っているノン。彼らに比べると、身体を動かす機会がそう多くない私はもはや一般人。縦走初体験の私とノン。もしかして今私は、かなり無謀なことをしているのではないだろうか
……？

そう考えても、ここはアルプスのど真ん中。進むしか、ないのだ。

「山歩き」が「山登り」になり、「崖登り」や「崖下り」に変わってきた。ノン父、ノン兄、ノンに比べて、私はいちばん体力が無い。一列になって歩くうちに自然と、いち

ばん後ろになってしまうところを、しんがりは最年長でありながらいちばん体力があるノン父が務めてくれた。

縦走というスタイルの登山。ひたすら登って山の頂上を目指し、そのまま下って帰るのではなく、頂上に着いたら、また次の山の頂上を目指して連峰の稜線を伝って移動する。上るだけではなく、下る機会も多かった。ジグザグに進むので、直線で考えればそう長い距離ではない。けれど、上るのも下るのも、手と足をフルに使わなければ進めないのだ。

「三点支持って言うんだ。これは覚えておかないとなぁ」

と、ノン父は教えてくれた。両手両足を使って崖を登り降りするのだけれど、そのときに手足の三点は必ず安定させ、どれか一点を動かす。それを繰り返して進むのだ。これを怠れば、浮石に出会った際に命の危険にさらされてしまう。浮石は、固定されておらず、ぐらぐらとしている石のこと。地盤にしっかりとついた石なのか、浮石なのかは触ってみるまでわからない。触れてしまったが最後、浮石は容易にはずれる。他の三点が安定していれば、ひとまず自分がバランスを崩して落ちることはない。けれど、その石を落とせば、他の登山者に当たる可

能性がある。これを「落石」と言う。さっそく、私も浮石の洗礼にあった。手のひらいっぱいでやっと摑める大きさの石は、カコッ、と音を立てていとも簡単にはずれた。こういう時はどうすれば良いんだっけ？　焦る気持ちを必死で抑え、ノン父から教えてもらったことを思い出す。石を落とさざるを得なくなってしまった時は、「落石！」と叫ぶ。もっと余裕が無いときは「らく!!!」と叫ぶだけでも良い。とにかく、下に居る人に石が落ちるのを伝えるのだ。……でも、ごく近くに人が居る場合。そう、私のすぐ下にはノン父がいた。この場合は石を落とさない。

「ノン父、助けて！　石が取れた!!」

手のひらで石を押さえ、あとの手足で自分を支え、ノン父が来るのを待つ。ノン父は私の手から石を取ると、安全な場所に放った。ほうっ、と一息吐いて、気を取り直して三点支持の体勢を保ち、また手を、足を動かしていく。スーッ、と背中に冷や汗がつたう場面も何度かあったけれど、支持点を探して進んでいくのは、なかなか面白い。

「杏が落っこちたら、ラクアンって叫ぶよ、ひひっ」

「やめて～、それ、怖いってば、もう！」

「……台風だ」とノン兄。

そんな冗談も出るようになったのもつかのま、風が強くなりはじめた。

「よしっ、がんばろう！」とノン父。

「え？」凍りつくノンと私。

雨よけに付けたザックカバーは、風をはらんでパンパンに膨れている。帆を張ったかのように、身体が揺すられる。稜線の上は、遮るものが何もない。両方の峰から吹き上げる風が、上に下に、右に左に吹き荒れる。雨も混じり、濡れた足場は不安定さを増していく。

岩にはときどき、ペンキで「○」と「×」が描かれている。○の方向に進めば良いのだが、×と描いてあれば、いくら平坦な道でも進んではいけない。思わず「嘘でしょ」とつぶやいてしまったとしても、○の描いてある崖の方が正解なのだ。鎖をつたって、腕の力だけで垂直に降りる場所では、足がすくんでしばらく動けなかった。

どうしよう。どうしよう。帰りたい。眼下には心配そうな気分と早く来なよという気分が混じった表情でノンとノン兄が待っている。後ろには「行ける！」と励ましてくれる、どこまでもポジティブなノン父が待っている。一歩さえ踏み出せれば、あとは行くしかない。たぶん行ける。でも、その一歩がどうしても重い。私は何故か、遠い東京の、仕事のことを思い出していた。なんとしても無事に帰らなきゃ。

一念発起「わぁ！」と叫んで一歩を踏み出した。そこからは早い。ぐっ、ぐっと腕に力を入れて、足で岩壁を蹴って下る。ノン父はさすがの速さですぐ下に到着した。そんな状態の崖を、何度も越えた。

ノン兄が「なんか、熱っぽいんだよね」と言い始めた。スパッツに登山ズボン、風を通さない素材のレインウェアまできっちり着こんでいる私とノンでさえ寒いのに、半ズボンのノン兄の体温調節は難しいだろう。それでも山に慣れているノン兄は、気丈にトップバッターを務めて歩みを進めていた。トップバッターは足場選びという重大な責任を担っている。ノン兄が進んだ後に、全員が付いていくのだから、いちばん安全な足場を選ばなければいけない。

ノン兄が、鎖を掴んで崖を下ろうとした。瞬間、ノン兄の身体は風にあおられ、宙に浮いた。

「あっ!!!」

と叫んだ次の瞬間、ノン兄は鎖をつかんだまま、遠心力で他の岩にぶつかった。幸い、リュックサックからぶつかったようで、どこも怪我することなく、体勢を整え、新たな安全な場所に降り立ち、後続を待った。「びっくりしたー」と言いながら、笑顔で私たちに手をふっている。そんなトップバッターの姿を見せられたノンと私の歩みは、もちろん遅かった。とは言っても「進むしかない」。何度この言葉をつぶやいたことだろう。「わぁ!」と叫んで一歩を踏み出す。同時に、冷静に頭を動かし、安全に崖を降りていく。足だけで進める場所でも、○と×の目印が無いかを全員で確認しながら、常に頭と身体をフル回転させて進む。

「ジャンダルム、まだかなぁ」

「ジャンダルム、見えないねぇ」

「ジャンダルム、出てこ〜い……」

「もう、ジャンの奴め！」

　私とノンは口々にジャンダルムという名前を呪文のように繰り返す。というのも、

「ジャンダルムまで行けば、先が見えてくるから」

　とノン父が教えてくれたからだった。天高くそびえる岩稜は、大きな目印でもあり、いちばんの難関でもあった。風は強くなり、太陽はもうずいぶん姿を見せてくれない。

「よし、トラバースだ」とノン父。

「そうだねぇ、そうしよっか」とノン兄。

　トラバースというのは、横切る、という意味。ジャンダルムを正面突破するのではなく、その横を通って先へ進むそうだ。今までも相当怖い思いをしてきただけに、それ以上のジャンダルムはどんなに恐ろしいのか、とドキドキしていたけれど、あっけなくトラバース。

　でも「じゃあ、こっちだ！」と指さされた先を見て、私は「果たしてどっちが良かったのだろう？」と不思議に思った。大きな大きな一枚岩に、点々と釘が刺さっている。岩にへばりついて、つま先を引っ掛ける釘だけを頼りに横に横にと進むのだ。ジャンダ

ルムよりは難易度は低いのかも知れないけれど、それでも充分な難関に感じた。

ジャンダルムはトラバースした。けれど、「馬の背」の名のごとく、跨がれるほどの馬の背のように左右が切り立った難所が、すぐに私たちを待ち受けていた。足元は両手の中指を合わせ、肘を肩幅程度に開いた程度の幅しかなく、両端はひたすら崖になっている。もう、どれくらい足の裏全体で地面を踏みしめていないのだろう。腰をかけたり、寄りかかって休んだりしていないのだろう。必死で三点支持を守り、ひたすら前へ前へと進んだ。

日本で三番目に高い奥穂高岳に到着したのは、夕方六時を過ぎてからだった。標高三一九〇メートル。ノンと私の二人は、標識の横にどっかと腰をおろして、ノン兄に写真を撮ってもらった。目には涙がにじんでいた。思えば、この日はほとんど写真を撮っていなかった。カメラを構えることすらできなかったのだ。

「さぁ、あと一息だ、ノンちゃん、アンちゃん、行くぞ！」

ノン父が威勢よく、私とノンを立たせる。そうだ、まだゴールじゃなかったのだ。山小屋まではまだ少しある。気を緩めては、絶対にいけない。身体はボロボロ、雨も勢いを増していたけれど、目に再び光が宿ったような気がした。……宿らせなければいけな

かった。日が暮れ始めていたのである。鎖場ではなく、ハシゴが増えてきた。足場の選択はしなくて良いものの、金属でできているハシゴはツルツルとして滑りやすい。足場を照らさなくてはならず、買ったばかりのマグライトの出番がようやくおとずれた。ノンは前日の山小屋で、暗闇の中トイレに向かう最中に、あろうことかボットン便所にマグライトを落とし、そのまま紛失してしまっていた。私は口にマグライトをくわえ、自分とノンの足元を交互に照らした。

歩くこと四十分。山小屋の灯りが、やわらかく光る行燈のように現れた。

「はっは……、はっは……」

やった、と言おうとしても口にくわえたマグライトが邪魔をする。最後のハシゴを越え、マグライトを手に持ち替える。危なくない程度に、最大限急ぎ足で山小屋にかけこむ。ゴウゴウと鳴っていた山の風も、山小屋に入って扉をピシャンと閉めた途端に止んだ。冷たい風の代わりに、ストーブの放つ角の取れた暖かな空気に包まれる。私とノンは抱き合って泣いた。山荘の人はびしょぬれの私たちを見て、「こんなに遅くなって、危ないじゃないですか」と怒りつつ、熱々のカレーを出してくれた。他の登山チームの誰とも会わないと思っていたら、私たちがダントツのビリッけつだったようだ。先に着いたと思われる人たちは、すでに衣服も乾いており、乾いた目でびしょぬれの私たちを見ていた。

山小屋で、寝る前のつかのまの休憩の際に、ノン兄が「これ見て！」と登山雑誌を持ってきた。そこでは日本の様々な登山コースが一〜八までのレベル別に分類されていた。富士山はレベル三。以前登ったことのある鳳凰三山はレベル四だった。「ほら、ここ！」とノン兄が指さしたところを見ると、この日の西穂高〜奥穂高コースがレベル八。なんと最高値。一般登山者が入れるコースの中では、国内最難関らしい。喉もと過ぎればなんとやら……改めて、自分たちが歩んできた道がいかに険しかったかを認識した。日程としてはこの時点でまだ半分だったけれど、後から「穂高の登山」で思い出すのは、いつもこの一日だった。この後私たちは真夏の雪渓を越え、北穂高岳を目指し、最終日はひたすら下って涸沢を越え平地を十五キロ以上歩き、ふもとに戻って来た。平地は私の得意分野で、先頭を歩き、名誉はちょっとだけ挽回できた。高度が下がり難易度が下がっても、絶対に怪我をしてはいけない！　という思いから、ギリギリまで三点支持を守りつづけた。結果、私のズボンと手袋は穴だらけになったが、幸い、私は無傷で戻ることができた。

どんなに気を付けても、ちょっとした不運で一瞬で命を落とす危険さえあったこの登

山、無謀なところも、たくさんあったと思う。でも、思えばここまで己と対話をしたことは無かったように感じる。ひるむ自分を励まし、慰め、注意し、時には怒り、戦った。ノン父が、二十歳になったら人生のために連れて来たかった、と言っていた理由がなんとなくわかった。非日常に身を置いて、改めて自分が生きている日常を見つめ、自分の命について考えた。そして仲間に囲まれ、支え合い、乗り越えた。

穂高での成人式。ノンと私はちょっとやそっとでは得られない経験を経て、少し大人になった。あれからまだ穂高には行けていないけれど、ノン父は毎年、会うたんびに、声をかけてくれる。

「やぁ、アンちゃん、今年も行こうぜ!」

仕事での出会い

初めてのニューヨーク

二〇〇五年秋。ニューヨーク・SOHOのとあるモデルエージェンシー。

私は、黒のシンプルなタンクトップに、スキニーなジーンズ、そして今回のために買った、プラダの十二センチのハイヒールを履いて、ボスのクリスティーナの前に立っていた。

「さぁ、歩いてみて」

言われるがままに、木でできたオフィスの床の上をまっすぐ歩いた。こちらの床は、切ったままの木を組み合わせたものが多い。見た目は味わいがあるけれど、ゴツゴツしていて意外と歩きづらい。クリスティーナは、腕組みをしてこちらを見ている。

「そのまま、こちらに戻ってきて」

ターンして戻ると、クリスティーナは私のポートフォリオを机の上に広げて、ひとつ

うなずいた。

「ようこそ、アン。今日から、宜しくね」

差し出された手を、私はおずおずと握った。

「恥ずかしがらずにね、たくさん笑うのよ」

くるりと踵を返して歩いていくクリスティーナの後ろ姿を見つめながら、私はたった今言われた「どん、びー、しゃい」を呟いてみた。そっか、そう見えていたのかぁ。確かに、微笑むくらいはしていたけれど、声をあげてハッハと笑ってはいなかった。けれど、この国ではハッハと笑うのさえミニマムなのだろう。日本人は何を考えているのかわからないと言われると聞いたことはあったけれど、本当にそうだったとは。文化の違いを実感した。

クリスティーナはすぐに一人の女性を連れてきた。彼女の名前はダナ。これから、私のマネジメントを受け持ってくれる人だ。ブロンドのおかっぱに大きなカチューシャをしていて、太い眉毛が可愛らしい。先ほど痛感した、アメリカの笑顔の精神がそのまま現れたかのような人だった。いちいち声を上げて笑うのだけれど、それが軽くて明るくて、嫌みがない。ダナは私のポートフォリオをニューヨークのオフィスのファイルに入れなおしてくれた。そして、いくつか電話をした後、住所がずらりと印刷された紙を手渡して、キャスティング（オーディション）へ行く方法を簡単に教えてくれた。

「アン、頑張ってね。私はあなたを信じてる」

こうして日本語に直すとちょっと照れくさいけれど、英語だと成立するのだ。なんだか優しそうな人で良かった、と私は思った。ニューヨーク・コレクションへ挑戦した第一日目だった。

キャスティングの場所へは、地図を見ながら全て自力でたどり着かなければいけない。一日十五カ所以上回ることもある。受付の時間帯と住所を照らし合わせて、どう回ればいちばん効率的かを考え、順番を付けて移動する。自然、オリエンテーリングになって、今では、住所さえもらえれば、とりあえずどこにでもたどり着くことができるようになった。

十九歳で初めて一人で来た海外。ニューヨークの街。どんな観光のしかたでも味わえないような経験をした気がする。

ニューヨークの街は埃っぽかった。くたくたに歩きつかれて、一日じゅう履いていたサンダルを脱いだら、埃によって足の甲にサンダルの柄がくっきりと写し出されていたこともあった。

そんな初めてのキャスティングの結果は、思いがけず良かった。当時はドール顔ブームだったり、アジアンが人気だったり、ビギナーズラックみたいなのもあったのかもしれない。アポイント先には、キャスティングの他にフィッティング、それからショー本番のスケジュールも追加されるようになっていた。

はじめはダナに「アナ・スイのショーって、観られるの？」なんて聞いていたのが、なんと出演することになった。

ある日、いつものように一日のキャスティングを終え、オフィスに向かった。ドアを開けると、メンズモデルのマネジメントをしているクリストファーが私を見つけて、「おーい、みんな、アンが来たよ！」と、オフィスじゅうに声をかけた。決して大きくないオフィスで、人数も多くはないけれど、そこにいたスタッフ十五人くらいが一斉に立ち上がって、拍手をしてくれた。みんな、そろって顔がニコニコしている。突然のことに何のことかさっぱりわからず、キョロキョロしていたら、ダナが近づいてきて、私をハグしながら「おめでとう！　あなたは、アナ・スイに続いて、マーク・ジェイコブスのショーまでゲットしたのよ！　おめでとう！」と言った。「あ、ありがとう」と言いながらも、わずか一週間も時を共にしていない、しかもマネジメントとして直接関わっていないスタッフまで、こんなににこやかに、自分のことのように喜んでくれるとは思わなかった。ショーの出演が取れたことも嬉しかったけれど、こうしてみんなが祝ってくれたことも同じくらい嬉しかった。

翌年の春、私は一カ月ほどニューヨークに滞在して、仕事をすることにした。今回はホテルではなく、サブレットという、居住者が不在の期間だけ自分の部屋を貸し出すシステムを利用した。お湯が出なかったり、水道管が壊れたり、シャワーが出なくなって台所で髪を洗うはめになり、週末の休日に修理を一日じゅう待っていたのにすっぽかされたり、とにかくトラブルも多かったけれど、ロケーションはSOHOのすぐ近く。事務所にも近く、場所としても賑やかで飽きない場所だった。仕事以外の時間は満開に咲く桜を見に行ったり（ニューヨークは街の中でも桜が多いことに驚いた）、ヨガのクラスを取ってみたり、街をぶらぶらしたりした。

ニューヨークに友達もできたけれど、やはり東京よりは持て余す時間も多い。そんな私を、ダナはご飯に誘ってくれたり、いろいろ話を聞いてくれたりした。私の英語は、いわゆる「サバイブ・イングリッシュ」で、完璧に話ができるという訳ではなく、かなり適当に「そこに居ることができる」程度である。だから、たまにダナの早口の英語の端々がわからなかったりもする。

ある日、ダナが「良いウェブサイトを見つけたのよ」と、パソコンを見せてくれた。

英日の翻訳ツールのウェブサイトだった。「例えば……」と、ダナは画面に「Hello」という具合に、ごくごく簡単な単語を打ちこんだ。エンターキーを押すと、画面には日本語で「こんにちは」と表示された。「あってる？　これ、日本語よね？」とダナは嬉しそうに聞いてきた。「うん、あってるよ！」と答えると、ダナはさらに嬉しそうに「これでもっと、コミュニケーションしやすくなるわよね！」とはしゃいでいた。「ふんふん」と言いながらダナはまた「ウィー、アー、」と呟いて、何かを画面に打ちこみ始める。「私たちは、いつでも、あなたを愛しているからね」「だから、心配しないでね」「いっぱい、話してね」。そんな簡単な英語くらいわかるわい！　と内心思いながら、改めて日本語できちんと伝えようとするダナの優しさに、私は「ウン、ウン」と画面を見てうなずきながら、ちょっと、というか、かなり胸にジーンとくるものがあった。ダナは「どうだ！」的な得意顔で、私の顔を見ている。この言葉を私に伝えられたことより、自分の言葉がみるみる日本語に変換されているのを楽しんでいるようでもあった。一カ月の滞在は、こうしたダナの底抜けの明るさに助けられたのだった。

これをきっかけとして、パリやミラノなどへも海外進出をすることになった。

ある時、いつものようにニューヨークのオフィスに向かったら、どうもみんなの様子がおかしい。聞いてみると、オフィスのオーナーだったクリスティーナがごっそりとお金を持って消えてしまったらしい。アメリカの法律は州によって異なるため、ニューヨーク州の外に出られると、かなり面倒なことになるとかで、私やダナのいたオフィスは自動的に解散になった。私のギャラも未払いで終わってしまった。あまりの出来事に開いた口がふさがらなかったが、アメリカでは日常茶飯事とまでは言わないけれど、こんなケースは大事件にもならず、わりと起こりうる事件らしい。やっぱりアメリカはいろいろと豪快である。おおらかな半面、巻き込まれたら大きな痛手ともなりうる。

ダナは最後まできちんと、私の面倒を見てくれるオフィスを探してくれた。ダナは暫く、知り合いの会社を手伝うことにしたらしい。もう、ダナと一緒に仕事ができないのは寂しかったけれど、このアットホームなオフィスがあったから、初めての海外での仕事が楽しくできたのだと思う。オーナーの最後にはびっくりしたが、自由の国、アメリカ。シャイでボーッとしている私が、まさか海外で仕事することになるとは夢にも思わなかった。出会いはいろいろなものを生み出す。メルティング・ポット、人種のるつぼの中に入って、シェイクされたような経験だった。ニューヨークの新しい事務所も良い人たちばかりだ。また、アメリカには長く滞在してみたいと思う。

セ・パリ

アメリカの次に、私が向かったのはフランスだった。

海外コレクションの主要な開催都市は、ニューヨーク、ミラノ、ロンドン、パリ、東京である。全てに出るのであれば、三カ月ほど一度も帰国せずにこの順番で世界を周遊することになる。もちろん、他にも世界中のさまざまな都市でコレクションは開催されている。一年の間に訪れるコレクションシーズンは、春夏と秋冬の二回。それ以外の時期は雑誌や広告の撮影。ひとつひとつの仕事は割と短い時間だけど、それが一年じゅうずっと続く。私は、モデルの仕事は短距離走か千本ノックのような気がしている。

ニューヨーク・コレクションを経験して、仕事に必要な英語の「定型文」も幾つか覚えた。聞くところによると、どの都市のコレクションでも英語が公用語だとか。「フランス語は全くわからないけれど、言葉は英語だって言うから、まぁなんとかなるんじゃ

ないかな」と思って、私はパリに降り立った。

……甘かった。パリで出会ったマネージャーはエレンという女性だった。ローマ字で読むとヘレネ、だけど、Hは発音せずにエレンという。もちろん、彼女は英語を話せる。

「よろしくね、アンヌ」

フランスに来ると、私もフランスっぽく呼ばれるのだ、というのが嬉しかったけれど、いかんせん、他の英語の単語まで、全てがフランスっぽいのだ。フランス語は、Rを発音しない。「tomorrow」だと「トゥモホォオウ」となったり、「hungry?」というのが「アングヒ?」と聞こえる。日常的な会話はまだしも、キャスティング(オーディション)を回る際には、必要な住所を電話で聞き取らなければならない。この時に、フランス風英語の難しさを痛感した。早口のニューヨーク英語での数字の聞き取りも難しかったというのに、フランス風はもっともっと聞き取りづらいのである。それでも耳は慣れるもので、仕事はなんとかこなせたのだった。

パリは二十区全てを合わせても、東京の山手線内程度の大きさと聞いた。それくらいの、広すぎない空間に凝縮された街並み。全ての道に名前があり、住所さえわかれば地図についている索引でどこへでも辿りつけるようになった。移動に車はまず使わない。タクシーも流しでは捕まらないし、何より徒歩とメトロの組み合わせが便利だからだ。

ある時、ショーの予定が立て込み、どうしても間に合わない! という事態になり、エレンが自分の車で駆けつけてくれた。「スマート」という、いかにもヨーロッパの小路にむいた二人乗りの小型車だった。助手席にあわただしく乗り込むと、エレンは私に「覚悟してね、これがパリ流だから！」と言うと、アクセルペダルを思い切り踏んだ。瞬間、身体が浮いたような気がした。石畳の上だからか、車は跳ねるように飛んでいく。車線もろくにひかれていないロータリーでも、あらゆる車の間を縫いながら進む。遠心力で窓におでこをぶつけそうになりながら、エレンに「セ・パリ？」と覚えたてのフランス語で訊いてみると「ウィ！」と笑っていた。ヨーロッパのドライブテクニックには色々な意味で目を見張るものがあったけれど、実際に経験したのはこれが初めて。最新の技術で街を駆け抜けているのに、車窓から見える街並みは何百年も変わらないまま。ショーに間に合うかドキドキしながら、そんなパリが、私は大好きになった。

次のシーズンは、ミラノにも行ってみることにした。

初めてのイタリア、ミラノ。地下鉄での移動が主なニューヨーク、パリに対し、ミラノではドライバーを手配するのが主流だ。地図を見て実際に歩いてみると、道ひとつひとつの間隔がだいぶ違うのである。パリやニューヨークでは、次に訪れる曲がり角まではどんなにかかっても十分かからないのに、ミラノではいつまでたっても曲がり角が現れない。地図の縮尺が違うのかもしれないけれど、きっとなにより街の密度が違うのだろう。急がない時の移動は地下鉄やトラムという路面電車を使うけれど、キャスティングには乗用車を使う。中にはバイクのドライバーを雇って、ヘルメット姿でポートフォリオを抱え、バイクに飛び乗るワイルドなモデルもいた。

私の所属することになったモデルエージェンシーは、レオナルド・ダ・ヴィンチの「最後の晩餐」が描かれたサンタ・マリア・デッレ・グラッツィエ教会からすぐ近くにあった。マネージャーの名前はルチア。背がとても高く、目鼻立ちのはっきりした男前（？）の美人。いつもピッタリとしたジーンズにブーツを履いていた。元モデルなのかもしれない。ここでは私は「アーナ」と呼ばれた。「杏」という名前は、意外とどこに行ってもそれなりに順応するのが面白い。イタリア風英語はRの発音が巻いているとはいえ、フランス風英語に比べると、聞き取りやすいような気がした。

驚いたのは、ルチアはじめオフィスのスタッフ皆が——いや、これはイタリア人だからなのかもしれないけれど——昼食の時間をとても大事にしていたことだった。一度、用事ができて昼食の時間にオフィスを訪れた。すると、「いい？　アーナ。お昼の時間は今後来ないで」今まで快活に笑っていたイメージしかなかったルチアの語気が、気のせいか強い。「う、うん……ごめんね」私はすっかり気圧されていた。その時は用件を聞いてくれたが、次から私はお昼時を避けるようになった。お昼時になってしまったときは、私もどこかでご飯を食べてから行くようにした。忙しい時はお昼も簡単に済ませてしまう日本人の私にとって、ここまでお昼の時間を大切にする感覚があるということは驚いたけれど、実際に自分もそうしてみると、なんだかリフレッシュして、新たな気持ちで午後を過ごせるような気がする。もし、誰かとお昼に時間を取って、しっかりとご飯を共に食べれば、関係も深くなるだろう。仕事場とは違う視点で話すこともできるのかもしれない。忙しいのが当たり前な日本に持って帰って、広めたい習慣だと思った。

ここ二、三年は海外でのファッションショーの仕事は休んでいる。日本での仕事、世界情勢など様々な理由があるけれど、とにかく今は日本をベースにしている。今でも時たま「明後日」とか「来週」というキーワードで呼ばれることがあるけれど、どれも急すぎて駆け付けられない。この間もニューヨークのマネージャーから三日後のルイ・ヴィトンのショーのリクエストがあるんだけど、来られないか？　と東京にいる私に連絡があったが、さすがに行かれなかった。日本は海外に比べると、ずっと早い段階で仕事のオファーをする。海外はファッション業界が特にそうなのかもしれないけれど、直前に呼ばれることが多い。日本と海外では仕事のスタイルがそもそも違うのだと思う。でも、どちらも、本当に面白い。両方経験できているのは幸福に他ならない。海外の事務所へ行く機会はぐっと減ったけれど、今でもマネージャーたちとはたまに連絡を取り合っている。

モデルは常に入れ替わり立ち替わり、世界中から集まっては散っていく。一生涯、本当の意味でモデル、というのは

できないのかもしれないとも思う。ファッションやモデルは、過ぎていくものなのだ。だから、その一瞬一瞬を、大事にしたい。

ミラノのルチアは、誕生日に必ずメールをくれる。「チャオ、ベッラ。私たち全員からキスを送ります」と短い一言が添えてある。それが無性に嬉しい。ミラノは他の二都市に比べて、行った回数や期間は少なかったというのに、そうやって誕生日を祝ってくれる。イタリアの絆の深さなのかもしれない。パリのエレンは、違う事務所に移った、と連絡があった。前章のニューヨークのダナも違うオフィスワークに変わっていった。

ファッション業界は一期一会という言葉がぴったりと似合う。留まっているところが一つも無いのだ。常に何かが動いているなかで、一瞬かも、一生かもしれない出会いを次々となぞった日々。思い返すたびに、なんて濃い日々だったのだろう、と思う。他にも書ききれないくらいの出会いが、海外のモデルの経験を通してあった。まだまだ、モデルは続けていきたい。一瞬、一瞬を切り取るこの仕事に出会えて、本当に良かった。世界のどこかで、それぞれの時間を生きている、かつて仕事で出会った人たち。また一緒に仕事をするかもしれないし、もう会うことはないのかもしれない。そのくらい世界は狭くて、また、広いのだろう。

各オフィスにはそれぞれ犬がいた
New York
Paris

怒れるオヤジ

二〇〇八年春。私のもとに、ラジオ番組のお話がきた。番組名は「BOOK BAR」。六本木のどこかにある会員制のバー。集まった男と女が今宵も本を肴に、四方山話を繰り広げる……そんな設定の番組だ。私はバーにやってくる女として、週に一冊、本を自由に選んで持ち寄る。同じく本を持ち寄る男は……企画書を見ると「怒れるオヤジ・大倉眞一郎」とあった。

大手広告代理店勤務ののち、さまざまな事業の立ち上げに関わり、BOOK BARのラジオ局、J-WAVEの創立も手掛けた。現在はバックパッカーとして、カメラを片手に諸国を放浪し、紀行文の著書も出している。変わった通り名（?）は、どんな話題でも忌憚なく辛口の批評をするから、とのことだった。企画書には写真もあった。細く鋭い眼光を緩和するような丸い眼鏡は、東條英機みたいだ。

「番組の内容は、杏ちゃんと大倉さんが持ち寄った本をもとに、自由に一時間話す……そんな感じだから」と、番組立ち上げのミーティングで、ディレクターから説明を受けた。ちなみに、その場に大倉さんはいなかった。「今カンボジアに行っているらしいんだけど、連絡がつかなくなっているんだ。ご家族の方にコンタクトを取ってもらうようにはしているんだけどね。来週の収録には間に合うように帰ってきてもらえるといいんだけど……」

肝心の「怒れるオヤジ」は諸国漫遊から帰ってこない。初回収録に間に合うかどうかもちょっと怪しい。「これから、この二人で番組をやっていくのか……」と、なんだか怖いイメージしか持てないまま、不安を抱えながら初回に向けて選書の作業に取り掛かった。

初回のテーマは「旅に持っていく本」。私はその時、ちょうど直前まで行っていたニューヨークで読んだ『天璋院篤姫』を紹介することにした。大倉さんは、トーマス・マンの『魔の山』を持ってきた。そう、大倉さんは無事に帰国できたのだった。大倉さんはこの企画を、カンボジアのシアヌークビルで聞き、あわてて帰国したのだという。企画書の怖いイメージとは裏腹に、実際の大倉さんは博覧強記、ウィットに富んだ会話でどんな方向にも舵を取ってくれる人だった。大倉さんは週に四冊以上本を読むという。二日に一冊以上のペースだ。私は読むペースにかなりむらがあるし、漫画も大好きで、家では漫画ばっかり読んでいる（なので、私は番組で漫画の特集が組まれると、急に偉そうに話しだす傾向がある）。あれもこれも、聞いたらなんでも知っていて、しかもそこに自分の意見を鋭くさす。そして、私とは年の差が三十近くもあるけれど、大倉さんは決して私を子供扱いせず、きちんと一対一で話してくれる。

以前、平日朝の生放送のラジオ番組を持っていただけあって、大倉さんはとっても喋りが面白く、声が素敵だ。一方、私はラジオの仕事は初めてに近かったため、始めの頃は暗中模索だった。まず相槌の打ち方がわからない。日常と同じように無言でうなずいていては、音で伝えるラジオでは意味が無い。かといって、いちいち「はい、はい」なんていうのもちょっとうるさい。「ウン、ウン」では目上の方に失礼である。悩んだ結果、私がとった方法は「ふむふむ」と言うことだった。今でこそ、「ウンウン」と「ふむふむ」の中間のちょうど良い感じに落ち着いたけれど、始めた頃は明らかに「ふむ、ふむ」と言っていた。これがなかなか珍妙に聞こえたらしく、いったいあれは何なのか、という投書をいくつかいただいた。このエッセイのタイトル「杏のふむふむ」も実はここから来ている。

話を大倉さんに戻す。大倉さんは私を子供扱いしないものの、たまに大人げない。番組には時々、出版社から新刊が送られてくる。宛先は「ブックバー様」なので、ふたりで欲しい本、気になった本を分けあうのだ。大倉さんはまずさっさと、自分の興味のある本を選定する。その後に、興味の無い本を「これ杏ちゃんに良いかなって思って」と、渡してくるのである。バラバラのジャンルの本を渡され、「はぁ」と受け取りながら私が大倉さんを見ると、大倉さんは今話題の小説などを抱えている。「ずるっ！ 大倉さん、大人げなーいっ！」と言うと、大倉さんは「へへ。あ、読むんだった？」と、しらっととぼける。

「いいですけど、もう！」

「あ、いいの？ そ〜お」

そう言いながら、本をしっかりとかばんにしまう大倉さん。でも、欲しい本を私に見せると突っ込みを受けるにもかかわらず、大倉さんは必ず、持っていく前に見せてくれるのだ。決して、黙って持っていきはしない。もちろん、私も大倉さんから本を奪うこともたまにあるけれど。

そして大倉さんは大のカラオケ好きだ。番組スタッフでカラオケに行くと、私と大倉さんで、半ばマイクの奪い合いになる。大倉さんはロンドン赴任生活も長く、全曲を歌えるほどのビートルズファンで、私も、それには到底追いつかないけれど、結構ビートルズが好きなのだ。マイクの奪い合いは、ときにビートルズのマニアックな曲の奪い合いにも発展する。私がビートルズを歌うと、大倉さんは「くっそ〜、こうきたか！　じゃあ次はこれを入れるぜ！」と、さらにマニアックな曲を入れ、熱唱するのだ。

そんなBOOK BARも、開店（と私たちは言っている）して早二年半。番組もそろそろ百五十回を迎える。一度も休まず途切れることなく週一で本を紹介することは、ときに大変だけれど、自分のためにもとてもよい経験になっている。しかも、読むだけでなく、それを短く簡潔に説明したり、その内容から話を派生させていく技術も学べている。本だけでなく、大倉さんからの学びもとても大きい。しかも、二人の間でシチュエーションを変えずにひたすら二年半、会話が途切れることがないのだから凄いと思う。

話題は次から次へと出てくる。なかでも毎回私が楽しみにしているのは、大倉さんのかつての恋のお話。毎回違うお話（のような気がするだけなのかも、しれない）なので、その時々に「高校生の時は？」「大学生の時は？」と聞きたくなるのである。すると大倉さんは「また、なんでオレがそんなこと話さなければならないんだ！」とブツブツ言いながら、話してくれる。実際に、大倉さんと学生時代に、かつて交流のあった女性から、「ラジオ、聞きました」と二十年ぶりに連絡があったこともあった。ラジオの力か、

はたまた本の力か、運命か……。誤解無きように言い添えると、大倉さんは、可愛らしい娘さんもおり、幸せな家庭を築いている。先日は「はじめて自分ではなく、娘から薦められた本を紹介します」と、『図書館戦争』という本を持ってきていた。絵本特集の時は、最近はじめて読んだ『100万回生きたねこ』を、これは良い！ と準備していたら、奥さまに「それ、誰もが知ってる超有名な本よ！」と突っ込まれた、と言っていた。道端で猫に出会えば口調ががらりと変わってすり寄ってしまうくらい猫が大好きなのに、家で飼っている猫には嫌われていて、よく攻撃されるらしい。「怒れるオヤジ」も、家では「普通のオヤジ」のようである。

しかし、そんな大倉さんにもかつて、あわや離婚、の危機があったそうだ。理由は「麺」。大倉さんは麺類をこよなく愛している。ラジオの前は空腹ではお腹が鳴ってしまうため、私も何かお腹に入れてから収録に臨むのだけれど、大倉さんに会って「何か食べました？」と聞くとたいてい麺である。世界中放浪していて、世界中の麺を食している。つまり、ずっと麺でも良いくらい、麺が好きなのである。かつては一年の大半を、三食とも麺類を食べて過ごしていたらしい。それに奥さまが耐えられなくなった。突然「離婚、してください」の言葉。大倉さんが驚いて理由を聞くと、毎食毎食の麺がほとほと嫌になったのだ、という。確かに、麺は誰もが好きな食卓のヒーローである。ただ、それが毎食になったらどうなのだろう。さすがに想像つかない。淡々と話す大倉さんの話を聞いて、思わず笑ってしまったけれど、奥さまにとっては深刻だったのだろう。今では番組内で季節の食べ物の話になったとき「今の季節と言えば、やっぱりあれですよ、あれ」と言う大倉さんに、「どうせまた、麺じゃないんですか？」と先回りをすると、「杏ちゃん、いっつも俺が麺ばっかり食っていると思ったら、大間違いですよ！」と言うくらいだから、日々食す麺の割合は、ちょうど良いバランスになったのだろう。

大倉さんはダンディである。多少髪の毛が少なくたって、とっても格好良い。一度、長髪の高校時代の写真を見せてもらったけれど、やっぱり今の方がしっくりくる。他の髪形は想像できない。そのくらい、今のスタイルが定着しているのだ。だから私は、今の渋い大倉さんが大好きである。でも、大倉さんはときに、あえてその髪に、自ら突っ込むのだ。私はどうしても、その「頭髪ネタ」がツボにはまってしまう。それが一般的に面白い、というより、未だに私の笑いの沸点が小学生並みなのかもしれない。ブログ用にデジカメで収録風景の写真を撮ったときに「フラッシュ焚くと、光でいろいろ飛ぶから、やめて！」と言ったり、「決まった美容室があって、そこの決まったヤツじゃないと俺の毛は切れないんだ」と豪語する大倉さんに、スタッフが冷静に「切るトコないじゃないですか」と突っ込んでいるのを聞くたびに、涙を流し、呼吸ができないくらい笑ってしまう。お腹を抱えたまま、しばらくその場でうずくまってしまうのだ。大倉さんは「杏ちゃん、笑いすぎ！」と怒るけれど、自分でもそう思う。ダンディな大倉さんだから、なお面白いのだ。笑ってはいけない時に無性に笑いたくなる感覚に似ている。

そんなこんなで、大倉さんと私は時に突っ込み、突っ込まれる関係である。お互い「なにを、負けないぞ」と思うこともあれば、「やっぱり、すごいなぁ」と感心することもある。なかなか、三十の年の違いを感じない。と、小娘の私が言うのも失礼かもしれないけれど。二年半、週に一度、一時間話すというのを続ける関係って、なかなか無い。BOOK BARは、これからどのくらい続くのかはわからない。けれど、続いていく限り、会話が途切れることはなく、この不思議なバランスの関係も変わらないだろう。毎週土曜日、今夜もバーの扉が開く。

しかし、「怒れるオヤジ」のキャッチコピーは、いったい誰が考えたのだろう。

＊BOOK BARは二〇一四年、七年めをむかえ、放送は年が明けると通算三五〇回になります。

熱血ゴルフレッスン

小学校で、私は野球をやっていた（「投球ズバーンさん」の項を参照）。その流れで中学に入って始めたのが、ゴルフ。野球→ゴルフだなんて、プロの選手みたいじゃないか。オフシーズンにゴルフ。格好良いじゃないか。……実際のところは、野球部はオンナノコの入る隙は一欠片（かけら）も無さそうだったし、なにより友達のムサボンが入部を誘ってくれたからだ。

ムサボンは小さい頃から男勝りで、引っ込み思案だった私を習いごとに引きずり込む癖があった。その割に、サボったりし始めるのはいつもムサボンだった。この時も、いつものように、ムサボンに誘われるがままにゴルフ部の見学に行った。そして帰り道、ムサボンは私にゴルフ雑誌を見せ、ゴルフをやっている人がいかに格好良いかを説いたのだった。その勢いで、帰宅後、両親に「ゴルフ部の見学に行った」と報告。その時の父親の目の輝きといったらなかった。「そうか！　そうか！　ゴルフはいいぞぉ、社会に出てから便利だからなぁ〜。野球をやっていたことも、プラスになるからなぁ」そう話す父の手にはプレステのコントローラーが握られている。何度もクリアーしているのに、飽きずに夢中で「みんなのゴルフ」をやっている。もちろん、休日は実際のゴルフに出かけていく。だから、ゴルフを勧めたのは娘の将来に向けたアドバイスというより、自分の趣味を肯定、あわよくば布教したかっただけなのかもしれない。「そっかぁー、ゴルフかー……」入部を決めたのは、本当になんとなく、だった。

入部してみると、そこにムサボンの姿は無かった。不思議に思ってムサボンのもとを訪ねると、「あっ！　ごめ！　なんかさぁ、バスケの方が楽しいかな〜なんて思って、そっちにしちゃった！」と、冷蔵庫のプリンを食べちゃった、みたいな軽さでのたもうた。しかも、このバスケ部への転身について私への報告をしっかり忘れており、心はすっかりバスケでいっぱいの様子だった。時、すでに遅し。再考の余地、なし。私はすでに入部届けを出し、正式部員になっていた。

　部員は、二十名ほど。男子が八割。女子は、一年上の先輩が二人と、同級生が一人。大会に出るような活動は無く、顧問の先生は野球部も兼任している。私は、部の発足は

野球にも「ティーバッティング」があった

先生たちのゴルフ好きから生じたのではないか、と密かに思っている。そのくらい、ひっそりとした地味な部活だった。ネットを張った屋上で、ひたすら籠に入ったボールを打つ。皆の籠が空になったら、打つのをやめて、せっせと拾う。そしてまた、打つ、拾うを繰り返す……。コーチはOBが、大学から来ていた。それぞれ思い思いに、的を作ってアプローチの練習をする人もいれば、思い切り爽快に打つ部員もいる。女子はもっぱら、体育座りをして喋るのがメインだった。ひとつだけ、打席を確保して、一人が打つ。何球か打ったら、交代する。女子部員が四人だけだったから、会話と打席がちょうどいいローテーションで回ってくる。

それにしても、競争とか、激しい動きには全く縁が無い部活だった。チーム戦で大会に出るような部にもし入っていたら、私ののんびりとした性格は少し変わっていたかもしれない（私はインタビューで「苦手なものは何ですか」と聞かれたときに、すばやく動くこと、と答えている）。雨の日は教室に集まってルールの講義。コースを回る機会は、夏休みの合宿と、冬休みの単発の遠征。カートは使わず、フェアウェイはゴルフバッグを担いで駆け足。これはこれで、ゴルフクラブを取り換えにカートに戻る手間が省けるので、なかなか便利だった。打数の多い初心者には、向いていたのかもしれない。

大人になった今ではカートに乗るけれど、それでもフェアウェイを走って移動する癖は抜けていない。そう、私は親の予言通り、社会人になった今でも細々とゴルフを続けている（猛烈フェアウェイ走りは、一緒に回る人に驚かれつつも、なかなか好評である）。一緒に回る人に、ゴルフ部だったと言えば大騒ぎである。なんせ「ゴルフ歴」の年数だけは着々と稼いでいる。ただ、ラウンド開始前のハードルが確実に上がってしまうので、最初は黙っておく。

そう、こんなにもゴルフ部だったことを名乗りづらいほど、私のゴルフ技術は褒められたものではないのだ。なにせ、人と予定が合わせづらい仕事柄、ラウンドは一年に一度くらい、それも練習無しの状態である。それでも野球をやっていた経験は確実にゴルフに生きている。止まっているボールなら打てるから、空振りはしない、スイングの速さと力があるから、飛距離はある。しかし、パターでボロボロになる。ツーオンしてもセブンパットとか、グリーンの周りをひたすら往復することもよくある。ハーフコースが終わってうっかりビールを飲んでしまい、後半のスコアが乱れたこともあった（これは、自業自得）。

そんな私に、ゴルフ雑誌から連載のお話が来た。プロに直接ゴルフを教えていただき、それがそのまま連載になるという、夢のような企画。私は光の速さで即諾した。

ご教授いただく先生は、青山薫プロ。一見コワモテだけど、熱血で面白い方だった。

最初のレッスンは、肌寒いけれど、抜けるような青空の気持ちのよい日だった。ゴルフ場に着き、早速レッスンが始まると、私が何より褒められたのは、技術ではなく威勢の良い返事だった。そもそも、技術で褒められようとするのが間違いではあるけれど。それにしても、私のスイングは途中から片手打ちになるという、自分では気がつかなかった、かなり変な癖があることが発覚した。「片手打ちはよ、理論的には合っているけどよ、間違いだぜ、それに格好悪いだろ、嬢ちゃん」……〝嬢ちゃん〟までは言わなかったけれど、青山プロはそんな闊達な方だった。面白いことがあると「グハハハ」と、豪快に笑う。おじさまカメラマンや青年編集者との、妙に口の悪い「愛情のあるやりとり」は、横で聞いていて何度も噴き出してしまう。その場で教えてもらうと、なるほど！と納得できるけれど、それを誌面で編集し、文字と写真を使って説明することは大変だ。レッスン前に講義内容を打ち合わせていても、「やっぱり外に出てクラブ握らねぇと、わからねぇや」と飛び出すプロ。そんなプロに悪態をつきながらも後を追う二人。写真で説明するにあたって「ちゃんと撮れ！」とか「被写体で悪いのが、一人いるからなぁー！」とか、ずっと何かしら言い合っているのが、とにかく面白い。私はすぐに、この現場が大好きになった。

とはいえ、この企画は短期の連載。あっという間に撮影、そしてレッスンは終わってしまった。とても濃い内容だった。私は

目からウロコが何枚剝がれ落ちたかわからない。

レッスンは、ゴルフ場にある、ラウンド前に打ちっぱなしをする練習場の芝生を使ったから、実際のコースには出ていない。青山プロから教わったテクニックはまだ使えていないのだ。実践が何よりの上達への早道になるという。「頭の芯から理解しないと駄目なんだ。そうして、それを忘れるくらい身体に馴染ませて、無意識に出てくるくらいにしないと」レッスン上で教わった言葉の数々は、仕事にも応用できるような格言ばかりだった。

撮影を終えた後、青山プロは自分仕様のボールと、連絡先を書いた紙を私にくれた。「わからないことがあったら、いつでも連絡するんだぞ、弟子よ」「はいっ！　先生！」と、別れ際までスポ根の漫画のような関係だった。そして青山プロはオレンジの夕焼けの中に消えていった。

次に私がラウンドする機会はいつなのだろう。それまでは、教わった内容を、雑誌を見て反復しようと思う。あわよくば、移動で使う事務所の車にもゴルフクラブを忍ばせようかと企んでいる。

てつこさん

「てつこさん」との思い出で一番古いものは、子供用の腕時計をもらったことだと思う。会ったり話したりする機会はもっとたくさんあっただろうけど、まず思い出すのは、ベルトに世界じゅうの様々な民族の子供たちが手をつないでずらりと並んでいるイラストがプリントされた時計。文字盤には、確か地球が描かれていたと思う。「てつこさんはね、世界じゅうの子供たちのためのお仕事をしているのよ」という親からの説明を聞きながら、手元の時計に視線をやり、「へぇー」と思っていたのだった。

　再会にはそれから十五年ほどの時を要した。私は二十二歳で、初めての「徹子の部屋」の出演に、緊張と楽しみでいっぱいだった。スタジオに入り、まずてつこさんの楽屋に挨拶に行った。「てつこさん、あのう、杏です。覚えてらっしゃいますか……？」とおそるおそる聞いてみると、「あらあなた、もちろんよ！　今日はよろしくね」と優しく言葉をかけてくださった。それから私はてつこさんに、手土産のチョコレートを渡した。てつこさんは私の父が二十九歳で病に倒れた時、いちばん大好きなチョコレートを断って、治癒を祈って下さったという。その話を私は子供の頃に聞いていたので、てつこさんには、美味しいチョコレートを食べて欲しかった。てつこさんは、にっこり笑って「ありがとう。でも、これ、食べていいの？」と、やはり父を気遣ってくれていた。

　初めての収録は少々変則的だった。モデルとして登場するということで、いつもの応接セットは取り払われ、さながらランウェイのようにウォーキングしてスタート。座るのも、ソファではなく、ハイチェアが用意された。話はてつこさんの誘導で、楽しく、あっというまに時間が過ぎていった。収録途中、てつこさんに兄の結婚の報告もした。同じく兄のことも小さい頃から知っているてつこさんは、とても喜んでくれた。最後に、ショートヘアーの小学生の私がカラオケで『巨人の星』を歌っている写真をおもむろに取り出したてつこさんが、「あなた、小さい頃は野球やっていたんですって？　そして、カラオケで『巨人の星』を歌っていたんですって？」と言った瞬間に、ルールル、ルルル、ルールルルー、と終わりのテーマ曲が。私は「あ（ら、お恥ずかしい）っ……そ（れは）っ……」と肯定するでもなく、説明するでもなく、泡食っていたらそこで収録は終わってしまった。

　楽屋に戻ってから、てつこさんは私にメモを渡してくれた。そこにはてつこさんのメールアドレスが書いてあった。赤ん坊の頃から知っているとはいえ、きちんと話す機会は初めてだったのに、メールアドレスまで教えてくれたことが、とても嬉しかった。その晩、早速メールを送ってみると、これまた早速返事がきた。てつこさんのメールには句読点が無く、文章は空白で区切られていて、どこかポエムのようなポクポクとした温かい響きがあった。デジタルの文字なのに、こんなに人柄ってメールに出るんだ、と驚いた。それからもメールのやりとりは続き、ある時仕事で上海に行った、とメールを送ったら、「もう　だいぶ行っていないけれど」と、上海の思い出を教えてくれた。「中国で　誰でも知ってる　歌をおぼえて　中国語でうたったの　間奏に　京劇の　せりふを　タモリさん風に　そっくりやったら　おきゃくさまは　あんまり笑って　いすから落ちた人が　いました」

上海メールのやりとりから二年経って、まさかてつこさんと上海に行くことになるとは思わなかった。上海万博のジャパンウィークの中で経済産業省主催で行われたイベント「コ・フェスタ IN上海」に、てつこさんと一緒に出演することになったのだ。テーマは「カワイイ平和」、中国語だと「可愛的平和（クワイダハーピン）」。その象徴として、私は西洋の天使風の羽根と、東洋の天女のような羽衣を身にまとい、ポスターを撮影した。そしてイベントでは、その格好をして、ステージに出るのだ。そして出発直前に聞かされたのが、てつこさんと一緒に中国語の歌「草原情歌」を歌うこと。そう、メールで聞いていた、てつこさんが以前上海で歌った曲。さぁ、これは大変だ、と思いつつも練習の時間もほとんど無く、あっという間に上海に出発する日になった。

日程表にはまず、飛行機の便名と座席が、そしてその横にはアンダーライン付きで「座席は徹子さんととなり」と書いてあった。あらかじめ書いてあったことにちょっと緊張したけれど、上海までの三時間、ずーっとてつこさんとお喋りしていた。到着まであっというまだった。手荷物受取所ではやけに愛嬌のある麻薬捜査犬が、足取りも軽やかに現れた。犬の身体には「工作犬」と書かれた札が掛かっている。中国ではスタッフのことを「工作員」といい、日本語のニュアンスと大分違うので少し戸惑うのだけれど、「工作犬」というのがなんだかおかしくて、二人で大はしゃぎした。その後もてつこさんは一日じゅう、中国では「工作犬っていうのよ」と言いながら、日本に電話したりメールを送ったりしていた。

上海での移動はバスだった。その間もてつこさんは、終始スタッフ全員に話しかけていた。私は情けなくも移動中は反射的に眠ってしまうことが多く、その時も「そうでしょ、杏さん！」と言って振り向き、寝ている私を見て「あら、寝てらっしゃるのねぇ」と、また話に戻る、という具合だったらしい。そう、とにかくてつこさんは元気なのだ。本番までの二日間は割と時間に余裕のあるスケジュールだったので、ホテルに戻った後の自由時間は、私は部屋にこもってお昼寝をしたり、本を読んだり、原稿を書いていたりしていた。が、てつこさんはそんな時もやはり外に飛び出す。夕食では「ホテルを出たところに靴屋さんがあってね、そこがまぁ、また、誰が履くの、徹子さんじゃなきゃ履かないんじゃないの、っていうような派手なデザインの靴ばかりなのよ。だから、中国語わからなかったけど、行ってみたのよ」と嬉々として語り、朝には「昨日の夜ね、部屋のテレビでオペラ歌手が採点されるベストテンみたいなのをやってた。その上クイズもやるのよ、こういうのって日本じゃ見ないから、面白かったのよね。日本で、あれ、放送しないかしら?」「パソコンの調子が悪くてね、朝までかかって調整したけれど、ダメだったのよ」と話しているのだ。いったい、てつこさんはいつ休んでいるのだろう?

と寝てばっかりの私は思ったのであった(特に今回、上海での私は、魔法にかかったように寝てばかりいた)。

「空港からホテルへの道中に、これまた不思議な雰囲気のお洋服屋を見かけたのよ」と、バスをホテルの近くで駐めて、皆でお店を探したこともあった。てつこさんは、移動中お喋りしながら、さらに車窓から街の情報収集も行っていたのだ。

「情報というのは、所詮その人が見たいと思った情報のみ、その人に見えたり、吸収されるのだ」というような説を以前どこ

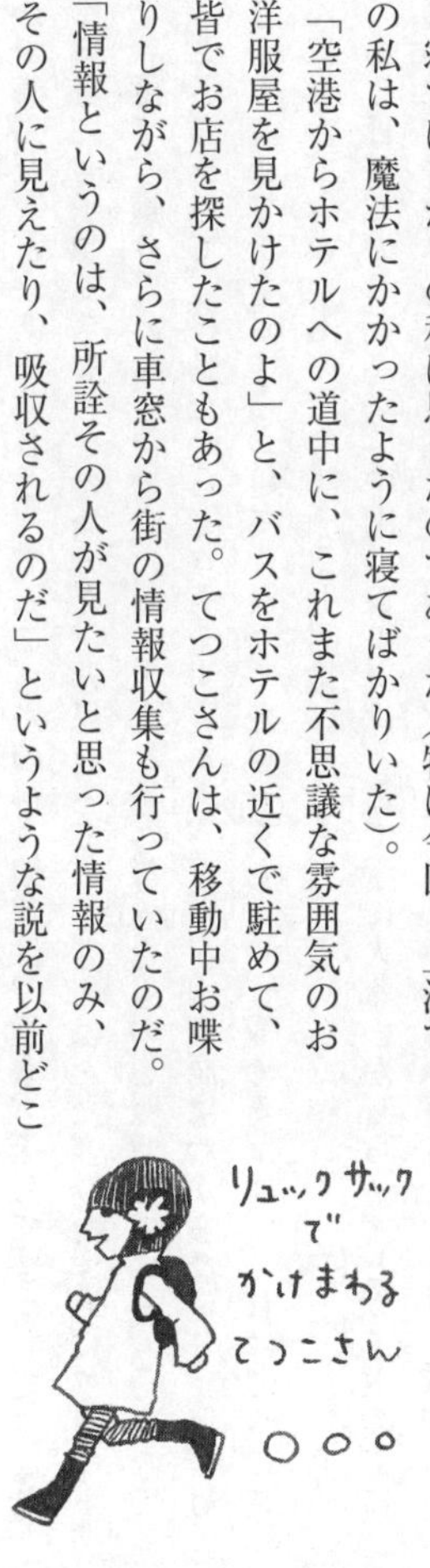

かで読んだことがあるけれど、てつこさんの得る情報は、誰も、そしてきっとてつこさん自身にも予想できないものなのだ、と思う。てつこさんはただ、ひたすらにフラットな状態で、選り好みも、決めつけることもなく、様々なものを吸収している。そんなてつこさんを見て、移動だからとりあえず寝よう、とか、中国語はわからないし、と、はなから諦めてテレビすらつけていなかった自分をちょっと戒める反面、これはてつこさんにしかできないものだなぁ……と畏敬の念すら覚えた。

ある日、てつこさんが「中国のシルクはどこで手に入るのかしら?」とガイドの方に聞いて、皆でそのお店に行くことになった。てつこさんはやはり、〝これ、誰が着るの? 徹子さんにしか着られないでしょ〟というような服を中心に選んでいた。てつこさんの精力的な物色につられて店内を見渡すと、鮮やかなオレンジ色のストールが目に入った。シルクなのに、真っ赤な裏地はツルツルとしておらず、柄も現代風で、季節を問わず幅広く活用できそうだった。レジでお会計をしているてつこさんの横に並んで、「私は、てつこさんのお会計の後、こちらをいただきますね」と話すと、てつこさんが私が手に持ったストールを見て、「あら!! 杏さん、それはちょっと待って」と、買い物の済んだ紙袋をガサゴソと、何やら探し始めた。「ほら、これ!」とてつこさんが手にしたストールは、まさに私が持っているものと同じものだった。「きれいな杏色なものだから、これはあなたにさしあげようと思って買ったのよ」ほぼ一点ものの商品が並ぶなか、二つ同じものがあるのも珍しいのに、それをてつこさんが私に、と手にとってくれたとは！　感激した私は、それから毎晩、食事の際に肩からかけて過ごした。鮮やかな赤は上海の夜にピッタリだった。

空いた時間でたくさん楽しい思い出も作れたが、もちろん、上海万博のイベントも大盛況だった。てつこさんはやはり、曲の間奏で京劇風のパフォーマンスを披露し、中国の方々から拍手喝采を浴びていた。私は中国語の歌を覚えるのにいっぱいいっぱいだったけれど、てつこさんはそれ以上に場を盛り上げていた。舞台に並びながら、ただただ、てつこさんはすごいなぁ、と思った。

帰りの日、空港でお土産を買う時間があった。ふと、目をやった棚にはチョコレートが並んでいた。パンダの缶箱の中に、パンダの形のチョコレートが入っているのである。てつこさんがパンダが好きなのを思い出し、「これなら、チョコを食べた後でも可愛いパンダの箱が残るし……、ささやかだけど、てつこさんにプレゼントしよう」とレジに持って行った。その途中、てつこさんがやはり、同じ棚をじっ、と見つめているのを見かけた。私と目が合うと、「これ、可愛いわね！」と言ったから、私も手にした缶のパンダを掲げて「てつこさん好きかなぁ、と思って。これ、てつこさんになんです！」と言ったら、「あら、本当！　嬉しいわ！」と喜んでくれた。

帰りの飛行機は席が離れてしまったけれど、「離れちゃったわね」なんて話していたら、てつこさんの隣に座っていた人が席を譲ってくれた。そしてやはり、羽田空港に着くまでの時間はあっという間に過ぎていった。

東京に戻って少ししてから、てつこさんからメールが届いた。

「今回貴女とお仕事できて 良かった！ ワワシャン（中国語の歌「草原情歌」の一部分を取って、私たちはこう呼んでいた）を覚えなきゃ とか なんかこの頃の若い人に抜けてる大切なものを ちゃんと 持ってるかたに会えて。パンダの 可愛い入れ物ありがとう あの売店で私が あっパンダ！ と言った時 これ徹子さんにって 思ってとあなたがおっしゃった時 ふっと 涙が出そうになりました 本当よ 貴女の本当の優しさに胸をつかれた 思いだったんだとおもいます じゃ またね」

こちらこそ、と思った。そんな温かい言葉に、こちらこそ、涙が出そうになりました、と。

いつまでも少女のようで、感激を忘れない、そしてそれをまっすぐ人に伝える、てつこさん。追いつけるとも到底思えないけれど、てつこさんの歩んでいる姿は、確かに私の足元を明るく照らしている。

サカイ教授はすごい

この原稿が掲載される頃には、出演している刑事ドラマ「ジョーカー 許されざる捜査官」の撮影が全て終了している。そう、書いている今は最終話の撮影、佳境まっただなかなのだ。終わったらどのような気持ちになるか、本当のところはわからないけれど、たいてい一クールのドラマが終わると（まだ〝たいてい〟なんて言葉は使えるほど経験は積んでいないのだけれど）達成感とともに、軽く「燃え尽き症候群」になるのだ。今まで会ったことのなかった制作スタッフ陣、キャストと、四カ月間、殆ど毎日のように顔を合わせ、家族よりも友達よりも長く、ともに濃密な時間を過ごすのだ。それが、急に無くなってしまう。あーあ、終わっちゃったな、と口の先がぷっ、ととんがるような気分。そんな時は、スタッフの人から焼いてもらった、打ち上げ用に編集された内輪向けメイキング映像が入ったDVDを肴に、家で一杯やるのだ。と言っても、近ごろはそ

の内輪向け映像が、ドラマのＤＶＤ化の時に収録されることが多い（これまた、〝近ごろは〟なんて分析できるほど経験は積んでいないのだけれど！）。
「ジョーカー」の撮影は、いろいろな面で大変ではあったけれど、とにかく楽しくてしょうがなくて、かつ学ぶことが多い現場だった。まず、一にも二にも、暑かった。一一三年ぶりの記録的な猛暑のなか、モーター音がマイクに入ってしまうから、とクーラーのスイッチを切って行われる、屋内の撮影。屋外の撮影では、何度も蜃気楼を見た。それから刑事ならではの、専門用語の多い説明台詞。暑くて出る汗と、プレッシャーの脂汗と、ミスの時の冷や汗。様々な種類の汗をかいたような気がする。

そんななか、新たな師弟関係ができた。師は座長のサカイさん、弟子はもちろん私である。私はドラマのあいだじゅう、ヒヨコがトコトコと親鳥の後ろを付いていくように、サカイさんの周りをウロウロしていた（誤解無きように言うと、ドラマの内容としてもそんなシチュエーションだったのだ）。

最初に話をしたのは、撮影一日目。夜待ち（陽が落ちるのを待つこと）の間、控室で「坂本龍馬は、誰に暗殺されたのか？」という話題で盛り上がった。サカイさんは以前、龍馬暗殺をテーマにしたドキュメンタリーのナビゲーターとして撮影と調査を重ね、日本じゅうどころか渡英まで果たしていた。その時のエピソードや、様々な説の中から導き出されたサカイさんの持論を聞かせてもらって、私は例によって「ふむふむ！」と夢中で話を聞いたのだった。

サカイさんがすごいのは、いつでも本を読んでいるところ。私も、待ち時間には本を読むことが多いけれど、サカイさんは、ほんとうにいつでも文庫本を片手に過ごしているのだ。セットの中でも、少しの合間に本をパラリと開き、撮影の準備が整うと、本をスッと閉じ、机の引き出しの中なんかにスルリと入れて、カチンコの音で撮影が始まる。セットに入ると台詞でいっぱいいっぱいか、もしくは誰かとはしゃいでいる私とは大違いだし、何より文庫本を忘れずに回収しているところもすごい。私は机の引き出しに入れるといったら、たいてい割り本（その日撮影する箇所だけが台本から抜粋されて、印刷された小冊子）で、しかもカットの声がかかったら、そのままフラフラとスタジオを出てしまうこともままある。おかげで、スタジオの様々な見えない部分には、私の読んでいた割り本がそこここに隠されている。まるで、木の枝に獲物を置き忘れたままどこかへ行ってしまう、百舌鳥のはやにえのようだ。この間は取調室の引き出しをおもむろに開けたら、なんと第一話を撮影していた時の割り本が入っていた。なんだか時間の経過を感じて、しばし感慨にふけることができたので、そのままにしておいた。

とはいえ、サカイさんと撮影の合間におしゃべりで盛り上がることも多い。どんなことでも知っていて、難しいことも下らないことも、古今東西広く深く掘り下げてくれる博覧強記のサカイさんに、なんでもかんでも質問したり、話したりしていた。そうしていたら、だんだんとスタッフの方からも「サカイさんとアンちゃんは、教授と、助手みたいだねぇ」と言われるようになった。たしかに、言い得て妙。私もサカイさんも現場にパソコンを持ち込んで、並んで原稿のチェックや執筆をする時もあった。こうなってくると、控室が研究室のようにも見えるかもしれない。

聞くと、サカイ教授は原稿の締め切りを破ったことがない、とか。なんとも耳の痛い話だった。助手は少しでも見習いたい、と早速教授の著書『文・堺雅人』を買いに行った。五十回の連載がまとめられたその本には、サカイさんの柔らかく、かつ芯の通った温かいキャラクターがそのまま現れていた。多用されるひらがなが効果的に、全体のトーンをゆるゆるふんわりとまとめている。新刊の対談本『ぼく、牧水！』の中で自身の文章について、「やまと言葉はできるだけ仮名を使うようにこだわっている」と触れていて、その真の意味を知り、さらに驚いた。四年間書き続けられたエッセイには、様々な役柄を演じていく上での考え方や独特の目線、人とのふれあい方……、どこをどんなに小さく切り取ったとしてもそこには必ず「サカイさん」が出てくるような、ほろほろと甘いクッキーの詰まった缶のような、そんな本だった。

私が言うまでもないけれど、サカイさんの演技に対する考え方は、本当に学ぶことばかりだった。サカイさんから指摘があって初めて「ああっ！」と気づく箇所もたくさんあった。それは私だけでなく、スタッフ全員もそう感じていたと思う。サカイさんは、自分の出ないシーンも含め、ストーリーの流れ、出てくるキャラクターひとりひとりの背景まで、作品全体を把握、推察していた。物語の中の良い空気穴であるコメディパートについては、「これから、どんどん物語はシリアスになっていくから、その前に入れられる場所はできるだけ、息を抜けるコミカルなシーンに作っていこう」と、サカイさんからどんどんアイデアが出てきた。元々台本にあったのはなんてことない会話のシーンだったとしても、そこに新たに彩りを加えて、クスッと笑えるシーンに変えていった。結果、緩急がぐんと付き、豊かな表現になっていった。

迷っている私にも、よく助け舟を出してくれた。不思議なことに、台本の流れを追っても、自分の感情がそれについていけなかったり、納得ができないと、身体がそれに反応できず、動けないことがあるのだ。ある時、その時点までの役の心の動きを考えれば考えるほど、自分から動きづらい状況のなか、どうしても動いて画面から去らなければならないシーンがあった。ウーンと考えこんでいたら「じゃあ、ボクが、そう動くように指示するような目配せをするから」と言ってくれた。結果、上司である伊達さん（サ

カイさんの役名）が先導してくれて、私演じるあすかは、「上司の命令に従う」という態でスムーズに行動できたのだった。またある時は、専門的な言葉が並んだ長めの台詞に、本番直前で細かい言葉の修正が入った。ただでさえドキドキしていたのに、変更も入って心臓はバクバクになる。台詞はちゃんと頭に入っているはずだから、本番で台詞を間違えるのは自分の心の余裕のなさにある。たいてい、一人でやる練習や、リハーサルでは言えるのだから。自分を間違えさせるのは、あくまで自分に原因がある。ずっと同じフレーズを練習するより、まったく違う話題で世間話でもすれば、解決することもあるくらいなのだ。その時もやはり心の余裕がだんだんと削られて、心配な箇所を繰り返しブツブツとつぶやいていた。失敗して時間を無駄にしたくない、皆に迷惑をかけたくない。そんな時、サカイさんはこっちを見て、聞こえるか聞こえないかの小さな声で、「ダイジョウブ」とつぶやいてくれた。実際、声より、口の形で覚えているくらいだから、声さえ発していなかったのかもしれない。とにかく私は、そこで初めて自分がどんどん狭い世界にこもってしまっていたことに気がつけた。ふっ、と張り詰めていた緊張の糸が緩んで、本番に挑むことができたのだった。

ちなみに最終話は、ふたりの役柄が別行動をとっている設定なので、今までよりはぐんと一緒のシーンが減った。少し寂しくもあるが、「このシーン、サカイさんならどう読むんだろう？」と、今まで学んだことを反芻しながら撮影を進めている。ちなみに、私演じるあすか警部補も、物語の中で別行動をとりながらも、サカイさん演じる伊達警部の影響を受けた行動をとるようになっていた。ドラマが、現実と（あるいは、逆？）リンクし始めたのは面白かった。

もうそろそろ、あすかとも、あすかが出会った伊達さんとも、皆ともお別れだ。早くやりとげたい、と思う反面、一抹の寂しさを感じているのは、今回素晴らしい出会いだったからなのだろう。演じたあすかとはお別れだけど、また違う現場で、違う役柄として教授に出会うこともあるだろう。その時はまた、どんなことを演じて、見て、学べるのだろう。全く予想ができない。だからこそ、このお仕事は面白い。その時には、助手から助教授くらいになれるように、日々研鑽を積んでいきたいと思う。

ファントム前篇

今、私はある女性と毎日過ごしている。

実体のない彼女は、まるで亡霊(ファントム)のようで、近づいたかと思えば「鬼さん、こちら」とでもいうようにするっと離れてしまう。でも、必死で走れば、どこかで待っていてくれる。

そんなイタチごっこのようなチェイスを始めて、一年ちかくなる。

彼女の名前は、クリスティーン・ダエー。ミュージカル「ファントム」のヒロインである。来月、私は舞台の上で「クリスティーン」を演じる。

出演が決まったのは、ちょうど一年前。事務所に届いた企画書を渡された私は、パラパラとめくって、すぐに「やります」と答えた。この年に連続ドラマに初挑戦した私は、

もちろんこの「ファントム」が初舞台にして初ミュージカルになる。生で芝居をして、歌を歌い、ダンスまで踊る。普通の神経で考えたら「できるかな……」と一回持ち帰って熟慮するはず。だのに即諾。今振り返って考えても、「なんで即決したんだろう？」と我ながら不思議である。でも、物語の舞台であるパリは、海外の街でいちばん好きな場所。それから、大好きな歌を歌える。それだけで理由は十分だったのだ。それと私は小学校の頃、聖歌隊に所属していたため、人前で歌うことにあまり抵抗はなかったのかもしれない。無謀であることに変わりはないのだけれど……。

「根拠のない意気込み」を胸に、私はその帰り道、浮いたような足取りでツタヤに向かい「オペラ座の怪人」のＤＶＤを買った。脚本、音楽はまた別の作品だったけれど、とりあえずは大満足だった。

それから少し経って、劇場の人からＣＤと楽譜が送られてきた。中にはピアノの音源が二曲分入っていた。ミュージカルで使うこの二曲を、とりあえず演出家と音楽監督の前で歌ってみてください、とのこと。楽譜が読めないけれど、聖歌隊でもそうしてきたように、とりあえず勘でオタマジャクシを追いながら、歌詞を見て歌えば何とかなるかな？　と思っていた。それに、声の出し方などはちょっとくらい指導してくれるだろう、それから歌うのだろう、と。……甘かった。私が「はじめまして」と言った一分後くらいにはピアノの鍵盤に音楽監督の手がかかっていた。

結果は予想以上にひどかった。高音をむりやり出そうとするから、声はかすれるし、情緒もへったくれもない。ネズミをつぶしたらこんな声が出るんじゃないかというひどさである。私は、声の出し過ぎで酸素が足りない脳で、朦朧と「なんで鍵盤を弾く位置がそんなに右側なのだろうか」と考えていた。茫然と立ち尽くす私を前に、ものすごい早さで演出家と音楽監督の二人は「ウンウン、ダネ」とかなんとか話して、その場はすぐに解散。歌いなおしももちろんできず、私はフラフラと帰路についた。

頭がクラクラしたのは、なにも酸素不足だけが原因じゃなかったようである。私はできない自分に失望していた。おかしな話だけど、ここまで本当になんだか「できる!」と思いこんでいたのである。そこまで何の疑問も持たなかったのが、そもそもおかしいのである。「ああ、ああ、声が出なかった」鏡を見ると、〝挫折〟の二文字が顔にはっきりと書いてあった。その晩は何もする気になれず、ドラキュラが棺桶に入るみたいにベッドに入った。

翌朝。棺桶から出た私は、窓からそそぐ眩しい光のなか、「あと、一年あれば何でもできる……！」そして「一年かけて作ってみせる！」と誓った。早くも「根拠のない意気込み」大復活である。早速私は、アメリカで公演されたオリジナルの音源を入手し、毎日繰り返し聴いた。クリスティーンの参加する曲は十曲。うち、メインとして終始歌いあげるのは七曲。普通のミュージカルよりも多いらしい。音符が読めない私は、耳で覚えるしかない。

そして年が明けた。二〇一〇年の新しい手帳の、まずは十一月のページを開き、十一月一日の日付けの横に「1」の数字を振って、そこから延々とさかのぼって数字を書き込み続けた。すると元日は「305」となった。ふむ、と唸ってから感慨深くなり「あと、これだけかぁ」とつぶやいた。私に残された時間はそれしかない。公演初日は十一月二日。それまで三〇五日。それが「こんなにある」のか、「これしかない」のかは、まだわからなかった。未だに実態の全く見えない〝彼女〟の、クスリと笑う声が聞こえた気がした。

一月には、早くもポスター用の写真と、CM用のムービーを撮影した。衣装には、「オペラ座の怪人」の小説が書かれた百年前と同じ時期に、実際にフランスで作られたアンティークのドレスを着た。真っ白なレースに全身包まれて、ハイネックの首元にはカメオの同じくアンティークのブローチをつけた。他の

キャストの方にも何人か会うことができて、本当に出るんだなぁ！　とさらにワクワクした。足りないのは私の実力だけである。

　できれば一～二週間に一度はボイストレーニングを！　と思っていたが、なかなかそうもいかない。ひと月も間があいてしまったこともあった。レコーダーで録音したレッスン内容から教わったポイントを書きだし、移動中の車内で繰り返し聴いては復習した。それだけでは足りない！　と思い、自宅稽古用にピアノの伴奏を録音してもらった。音程をはっきりと覚えなければならない部分は、その部分だけ単音で弾いてもらい、それを携帯電話で録音して、これまた繰り返し聴いた。「ファントム」の曲は、一曲残らず素晴らしい。身びいきではなく、本当にそう思う。何百回聴いても飽きることがないから、ずっと練習していたくなり、また、うまくなりたい！　と本気で思わせてくれる。家で大声で歌いながらデタラメに動き回って、クリスティーンごっこをすることもあった。通報されなかったのは近所の方のご厚意かもしれない。

　ゴールデンウィークが明けて、日付は早くも二〇〇日を切っていた。仮の台本が届いた。といっても、製本前のペラペラの紙の状態である。その日のうちに読んだ。台本そのものは、一時間もかからずに読めてしまう。でも、ずっと付き合っていく内容に、そんな取り組みでは足りない！　……というわけで、使っていないノートを引っ張り出して、最初の一行から写していった。私は、自分の台詞は、全て一度どこかに書いてから覚える。視覚と触覚、自分で一度紙に吐き出した、という事実を作ることにより、少しでも「内から出てきたもの」として消化、排出するためだ。普段は自分の発する台詞だけを抜き出して書く。しかし、今回は全てを書いた。動きを含めた卜書きから、他の人の台詞、歌詞まで、全てである。もちろん、ただ読むよりずっと時間がかかる。仕事の合間に少しずつ進めて、一カ月近くかかってしまった。収穫はたくさんあった。自分の台詞や動きは勿論、自分の出ていない場面や、他の人の台詞、心の動きへの理解が格段に増した。ちょっと手が痛くなりながらも書き終えて、なんて深く、面白い話なのだろうと感嘆した。

「オペラ座の怪人」の一般的で大まかなイメージとしてまず思い浮かべるのは、純粋で天真爛漫な女性クリスティーン、化け物じみていて嫉妬深い天才博士のような怪人、歌が下手で意地が悪いディーバ・カルロッタ、その夫のオペラ座の支配人……と、個々のコントラストや立ち位置が割とハッキリしているキャラクター像だと思う。しかし、天使の声を持つクリスティーンは、事件の引き金を決して自分では引かないものの、確実に人に引かせる力がある。ある意味トラブルメーカーなのかもしれない。圧倒的に人を救い愛することもあれば、その優しさゆえに、人を傷つけ打ち

のめすこともある。悪気がなければ、結果人を傷つけてしまって良いのだろうか？　そんな問いに、私の演じるクリスティーンはぶつかるだろうと確信できた。物語の中で、クリスティーンは学び、痛みを伴いながら成長しなければならない。悪役のイメージのあるカルロッタも、写し書いてみて、周りからの評価がどうであるかがだんだんわかってきた。この作品の中にも、彼女を認めている人はいる。それがとてもリアルで面白い。チャーミングなところもあるし、長所もたくさんある。誰にでも光があり、闇がある。それがわかると、急にさまざまなキャラクターが息づいてくる。

六月。一五〇日を切った。私は幸運にも仕事でパリに行く機会があったので、空いた時間にオペラ座に行った。バレエの公演を観ることはかなわなかったけれど、昼間にガイド付きオペラ座見学ツアーに参加することができた。パリは、ファッションの仕事で何十回も訪れていて、オペラ座の前も数えきれないほど通り過ぎていたけれど、建物の中に入ったのは初めてだった。

中は想像していた以上に広く、豪華絢爛に作られていた。劇中、クリスティーンがオペラ座で歌うチャンスをもらえたときに、「私が……オペラ座で⁈」と大喜びする台詞があったのだけれど、そりゃ、ここで歌えるかもなーんて言われたら、そう言うわなぁ。と、素直に納得できた。英語のガイドさんは、ファントムが居ると言われている五番ボックス席も案内してくれた。「ガストン・ルルーの小説は、大分創作が入っているけれど、でもやっぱりそれに値する噂は本当にあったのよ」と話していたから、クリスティーンも本当にいたのでしょうか？　と聞いてみた。すると、やはりモデルの歌手はいたらしい。

一時間以上に及ぶ充実したツアーが終わった。私がガイドさんにこっそり「今度、日本のミュージカルで、クリスティーンをやるんだ」と話したらとても喜んでくれて、他のお客さんにも「皆さぁん！　この方はね、オペラ座の怪人の、クリスティーンを演じるんですって！」と話してくれた。「おおっ！」とレスポンスの良いお客さんたちは拍手をしてくれた。照れくさかったけれど、なんだか嬉しかった。参加していたヨーロッパ系のヨボヨボのおばあちゃんが杖をつきながら寄ってきて「今、歌ってくださるの？」と言ってきたけれど、さすがにそれは……と断った。併設されたお土産店でも、なぜかレジのおばさんが「これ、あげるわ」とおもむろにオペラ座と書かれたハンカチをくれた。すごく必死な顔をして物色していたからかもしれない。東京でいずれ会うキャストの面々には、オペラ座特製の蜂蜜を買って帰った。なんとこの蜂蜜は、オペラ座の屋上で、大道具さんが余った木を使って作った蜂の巣箱で造られているのだそうだ。

七月。ドラマの撮影で、「ファントム」で共演する方と会う機会があった。「また秋に！」と挨拶をして別れた。月末には一〇〇日を切った。

九月。もう六〇日を切った。月末には顔合わせがある。その前に、どうしても行きたかった場所に行くことにした。ミュージカルの聖地、ニューヨーク。四泊というタイトなスケジュールの中で、日中はびっしりと歌とダンスのレッスンを組んだ。どちらもブロードウェイミュージカルに携わっている方々のクラスだった。歌は実際に私が使っている、日本語の歌詞のものを使わせてもらった。もちろん、アメリカで公演された演目なので、先生たちも内容や背景をよく知っており、教えてくれた。しかし歌は日本語なので、内容は自然と音の表現を伸ばすことに特化していく。日本では言葉の意味、解釈も含めたレッスンだったから、どちらも経験できたのは、結果的にとっても良かったと思う。夜は本場のミュージカルを観て、ホテルに帰ってからはベッドに倒れ込むように寝る、というのを四日間続けた。まるで「ミュージカル強化合宿」だった。

そして九月の終わり。いよいよ顔合わせと本読みの日がやってきた。本読みは、いきなり歌入りで、とりあえずやってみる、というものだった。私は舞台の幕が開くと、トップバッターで歌いながら登場する。と、いうことは、当然本読みでもトップバッター。ドキドキとワクワクが入り混じった状態で、一人立ったまま歌い始めた。途中からコーラスの方々の歌声も入ってきた。稽古の前で、まだまだ調整する前の段階にもかかわら

ず、何度もぞくぞくした。今まで長い間、一人で役と向き合ってきた。でも、これからは他の役とともに存在する。いくら台本の解釈ができても、それはあくまで自分の読み込みだから、これから人と合わせながら、どんどん変えていく。きっと、想像もつかないものになるのだろう。でも、それはすばらしく良い変化なのだろう。そう確信できた。

十月。稽古が始まった。やっと、本当のスタートラインに立った。自分でも、大分声が出るようになったとは思うけれど、まだまだ課題もある。でも、大いに挫折したあの日から、一年かけて、長い助走をした。この助走が、これから頑張る大きな励みになる。どこまで飛べるか、それはこの一ヵ月にかかっている。

そう、いよいよカレンダーは三〇日を切った。

ファントム後篇

舞台稽古が始まった。
意外なことに、今まで、あれだけカレンダーとにらめっこして「あと○日」とカウントダウンしていたのに、舞台稽古が始まったとたん、全く見なくなった。今まではそうやって意識しないといけなかった「ファントム」が、もう毎日目の前に存在し、向き合わざるを得なくなったからかもしれない。とにかく、毎日毎日、そのことばかり考えるようになった。そろそろ焦っても良いのだろうけれど、毎日が幸せで仕方がない。

舞台稽古はまず、本読みの時と同じく演出家スズカツさんからの「とりあえずやってみて」から始まる。とはいえ、本当に何もない状態から「とりあえずやってみる」のは、ちょっとドキドキする。でも、今私ができる一番の答えは「一所懸命やる」しかない。私演じるクリスティーンは、幕が開いたらまず最初に歌いながら飛びだす。ええい、ま

まよ！　な心境で飛びだした。なるほど、今までただ歌っていたのが、動いてみるだけで、大分勝手が違う。スズカツさんは仮のセットで動く私たちをじっと見つめていた。「動いていないボクたちは冷えるんだよね」と、パーカーのフードをすっぽり被りジップをギリギリ上まで閉めて。

その時はとりあえず出番が終わり、特に何も言われず自分の席に戻った。これでいいのかなぁ、なんて不安に思っていたら、隣の席の座長・オオサワさんが「うんうん、なかなかいいよー。いい、いい」とニコニコしながら声をかけてくれた。まだまだ走り始めの、右も左もわからない状態を察して励ましてくれる座長。「わぁ、やったー！」そして、私はまたムクムクと元気を取り戻したのだった。動いてポカポカしてきた演者の私たちとは裏腹に、スズカツさんは未だに寒そうに背中を丸めている。こっそりしょうが湯をコップに作って、そっと後ろから手渡した。「ム、ありがとう」スズカツさんは話すときはすごく話すけれど、不意に話しかけるとギクッとしているようす。意外と照れ屋さんなのかもしれない。

第一幕の最後にたどり着いたのは、なんと舞台稽古が始まって二日目だった。二幕、物語の最後までは、さらに二日後の四日目。驚異のスピードである。私は平均どのくらいかかるのかわからなかったのだけど、「全幕、四日目」というと誰もが驚きの声をあげた。でもせっかちな私は、このスピードが心地よかった。だって、物語がどうなっていくか、続きが気になるのだから。

とはいえ、もちろんそれでできあがる訳ではなく、それはただ、行く方角が漠然と見えたくらいのものだった。そこからどんどん、形を変えていく。歌う部分に関しては、振りも付く。内容や時間も鑑みて、必要のない部分をどんどん削っていき、台詞も変わっていった。

稽古が始まって十日ほど経ったある日、スズカツさんがおもむろに私の方に来て「今まで、こんなに何も言われなくて良いのかな？って思ってるでしょ」と訊いてきた。確かに、立ち位置の指示などはあったが、演技の面では特に何も言われていなかった。

「僕はね、演技に関しては指示なんてしない。言われてやる動きなんて、本物じゃない。内から起こる動きが、リアルなんだ。メインのキャストは、特にそれを個々で考えて造っていくべきだと思っているんだ」

おおっ、そういえば、私はメインのひとりである。そっかぁ、自分で向き合うのかぁ、うん、そっかぁ。スズカツさん

稽古中も所作のため
長スカートをはく…

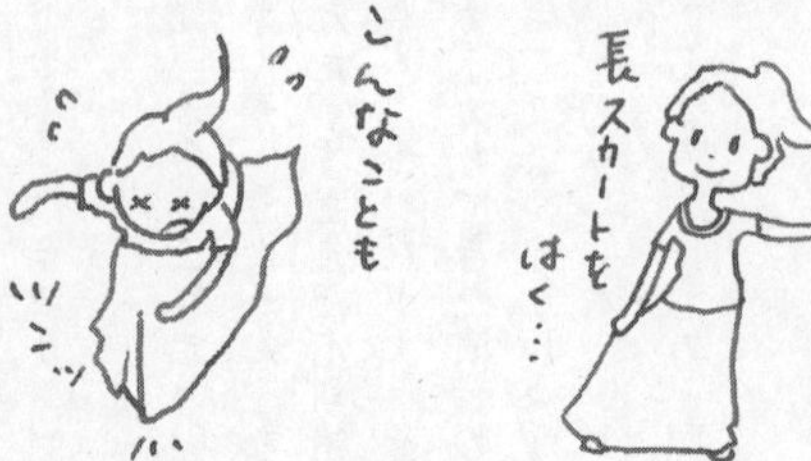
こんなことも

はこう続けた。

「でもね、僕は今まで見てきて、そこにクリスティーンが居るって思えてきている。でも、それがもし、思う存分に出てこられなかったとしたら、ブレーキをかけているのは、〝クリスティーン〟ではなく、〝杏〟なんだ」

「稽古ってのは、試す場でもある。本当に筋とは違っていたり、流れに合わないようなものだったとしたら、きちんと後から伝えるから。でも、いきなり正解を決めようとやっていくのではなく、たくさんのものを破天荒でも良いから、試すんだ。大丈夫、どんなことをしても、他のキャストもそれを受け止めてくれるから」

クリスティーンは、純粋な女の子。歌が好きで、オペラ座に憧れている。ひょんなことからオペラ座にやってきて、ファントムと出会い、事件が起こる。彼女は事件を起こすのではなく、起こさせる方の人間。だから、当然、何に対しても基本的に受け身の姿勢があるのではないか？　私は「純粋」「受け身」のキーワードから、「心優しくおとなしい」女性像をずっと意識してきた。そうであれば、悲劇的な最後のシーンにピッタリだ、と。だから、ずっとそれを繰り返し演じ、高

めようと思っていた。

はたして、それが正解なのだろうか？　一回、根底からひっくり返す必要があるのではないか？

次の日、スズカツさんがまたもや私の隣に座って、こう言った。

「あのさ、やっちゃっていいよ。物語の最後なんて考えなくていい。だって、物語の中にいる誰もが、結末を意識してそこに向かっている訳じゃないんだから。誰もが、意識せずに物語に翻弄され、終幕を迎えるんだから」

「クリスティーン自身は、悲劇的なラストシーンなんて、最初にわかっていないどころか、大好きなオペラ座に来られて、歌まで教えてくれる先生ファントムに出会って、皆に認められていく。彼女の中では確実に幸せで溢れたシンデレラストーリーのつもりでいいんだよ。それがそうならないのが、物語だったとしても。君の中で最後の感情はできてきていると思う。君が考えるべきは最後じゃなく、最初だ」

一度、クリスティーン像を壊してみよう。クリスティーンは田舎から出てきた、垢ぬけない女の子である。楽譜を売っていたら、名の知れた伯爵に声をかけられて、思いがけずオペラ座に誘われた。渋谷でティッシュを配っていたら、いきなり有名人から声をかけられたようなものである。年頃の女の子がそんな局面に出くわしたら「わぁ……」ではなく、「きゃーーっ!! うっそーー?!」と飛び跳ねるリアクションをしてもなんら不思議ではない。

「元気で活発で、明るくてちょっとミーハーな田舎娘」クリスティーンをそこからスタートさせてみることにした。するとどうだろう、オペラ座に来てさまざまな人に触れて、クリスティーンが女性として洗練され、成長していく過程が見えてきたような気がした。ファントムパートは冒頭から一貫して暗い。それに合わせて暗くするのではなく、一層明るくしていくことで、その対比が生じる。暗さは陰鬱さをまし、光は救いを帯びてくる。

矛盾に溢れた共感しづらい女性像だった彼女が、血の通った確かな存在になっていった。探し続けていた「クリスティーン」は、どこにもいなかった。それは創っていくものだったのだ。

物語全体のトーンを考えるのは、私の作業ではなかった。全体のかじ取りは演出家に任せて、その時その時をピンポイントで精一杯生きようとすればよかったのだ。

もちろん、これが結論でもない。常に変わっていく。何があろうと、新しくなっていったものが一番の正解に近いものなのだ、という。私は、ひとまず、この線で突きつめてやっていってみることにした（また、ガラリと変わるのかもしれないけれど）。周りの皆も、私が突飛な行動をしたとしても「なんだそれ」と笑いながら、突っ込みながら、受け止めてくれる。

到達する最終地点、というのはもしかしたら無いのかもしれない。常に「もっと良くできないだろうか」と悩み、考え続けなければならない。とっても面白いけれど、そう考えると果てなく厳しい。そして、向き合うだけではなく、それをいかに人に伝えられるか、そんな技術も磨かなければならない。

稽古にオーケストラチームが加わると、音にはさらに厚みが増した。そして、稽古場での最後の通し稽古。私はなぜか最後のシーン、身体が自然に、いつもとは違う動きをした。終わった後に、スズカツさんに「あそこ、今日はああなったんですけど、どうですかねぇ……？」と不安半分で聞いてみた。

「いや、あそこは、本当はああしてほしかったんだ。でも、それを僕が指示しちゃうと、ただの指示された予定調和な動きになってしまう。だから、実は君がそう動くのを待っていたんだ。でも、ずっと、いつかはやるだろうって思ってた。最後の最後にそれが見られて、オレは感動した」

指示じゃない指示。指導じゃない指導。でも、確実に創られていく世界。

ああ、こんな素晴らしい作品に出られて、なんて幸せなんだろう。

正解は無い。だから、私のやることは、私の出せるものを出し切ること。

「最初で最後の一回」のステージが三十回、私を待っている。

ようこそ、ママ友地獄へ

私は事務所で、マネージャーから今度新しく始まるドラマの話を聞いていた。

「四月クールで、幼稚園に子供を通わせるお母さんたち、いわゆる〝ママ友〟の中の確執を描いたドラマなの。で、主役だって」

世間話かな？ と思って相づちをうっていた私は「で、誰が主役なんです？」と聞いてみた。

「え、だから杏ちゃんだってば」

「えっ！」

まさか自分の話をされているとは思わなかった。まさか。あまりに現実感のない「主役」という言葉が、現実味の無いものとなってふわふわと浮いていた。

ドラマのタイトルは「名前をなくした女神」。子供を持ってから形成される人間関係の中で、母親は「○○ちゃんママ」と呼ばれることが多い。当然ながら、自分という人格より、子供が優先される。

母親たちは、育ってきた環境が全く異なるのも珍しくない。抱えている家庭の事情、価値観もそれぞれに違う。ただでさえ人間関係が難しいというのに、そこに「お受験」が加わると、問題は深刻化する。どのランクの学校を受けさせるか。同じ学校を受験するなら、ライバルは少ない方が良い。中学以降の受験に比べ、小学校までの受験の合否は親にかかる責任、負担が多い。重圧の中、母親は子供の幸せを考えて、ひたすら頑張る。時に、その情熱が刃となってライバルの母親を攻撃することもある。

「ドラマを作るにあたって色々取材をしたけれど、とてもじゃないけど脚本に織り込めないような酷い事件も当たり前に起こる世界」と、プロデューサーから実際にあった事例をいくつか聞いた。勝手に合格辞退の電話をかける。受験日にライバルの家に消防車を呼ぶ。物を盗む。法に触れているケースも多く、今まで知らなかった世界にただただ唖然と話を聞くしかなかった。

ドラマはママ友同士の確執を描き、その上で「再生」をテーマに進めるという。母として、妻として、女として、ひとりの人間として。ママ友同士で、夫と、ときに子供とぶつかり、傷つき、傷つけ、支え合いながら、それぞれの光を探していく。ママ友は五人。それぞれの子供が六人。そして夫。十六人の群像劇が始まった。

私は二十八歳の主婦、秋山侑子。子供は健太、夫は拓水という。初めて家族が揃ったとき、健太はうつむいてはにかんでいた。私は元々末っ子で、小さい子と接したことがあまりなく、どう仲良くなって良いかわからなかったので、とりあえずチョコレートを持っていった。懐柔作戦だ。本当のお母さんにあげていいかどうかを確認して、「これ、どうぞ！」と渡してみた。「あ、ありがとうございますっ」健太はあわあわと受け取った。本当の年齢は役柄より二つ上の七歳。それにしてもまだ幼いのに、挨拶がしっかりしている。健太の台本にはマーカーでしっかりと線が引いてあった。本当のお母さんとたくさん練習してきたのだろう。私も身が引き締まる思いだった。

幼稚園や公園に行ったり、日中のロケが多い現場だった。自然、遊具や落ちている石や葉っぱで遊んだり、歌や手あそびをすることが多く、素直で、ちょっとやんちゃな健太とはすぐに仲良くなることが出来た。移動するときは手をつないだ。撮影が始まってモニターをチェックしたとき、子供といる自分の笑顔が柔らかくて驚いた。「ああ、私って、子供が好きだったんだぁ」初めての発見だった。

ある時、健太を誤解して叱責してしまったことを詫びるシーンがあった。台本には「侑子、涙を流す」とある。なぜ、泣くのだろう？ 家族の間なのだから「ごめんね」で済むのではないか？ 私は、どうしてもこの「涙」が理解できないまま、現場に入った。公園のベンチに座り、健太に話を切り出す。「どうして、わかってあげられなかったんだろうね、ごめんね……」そう台詞を言うのだが、泣けない。何度か挑戦したが、そのつど助監督が「はい、いったんカットします」と号令をかけ、現場はストップする。このままでは撮影が終わらない。昼間のロケで、この後も他のシーンの撮影がある。太陽は待ってくれない。時間は過ぎていく。監督がモニターのあるベースから私の方に来た。「このシーンはすごく大事にしているんだ。諦めて目薬なんかに頼らず、ここは本当の涙を流してほしい。それまで待つから。しっかり粘ろう」

さらに少し時間がすぎた。私ができないのだから、健太もそのまま隣に座って待っている。私はうつむいていたので、健太の手が見えた。片手でもすっぽりと包み込めるような小さな手。その時、はっとした。「この子は、健太は、私が全てなんだ」傲りではなく、五歳の子供にとっては、母親が世界の全てなのだ。母親が喜べば、子供も喜ぶ。母親が悲しめば、子供も悲しむ。その逆も然り。だから、健太は、本当のことを話せなかった。そして、母親である私は、そんな健太を信じてあげることができなかった。（ごめんね、ごめんね）と猛烈に感情が昂るのを感じた。

助監督はじめスタッフが、私の様子を見て機材のスイッチを入れ始める。「お待たせしました。今、お願いします」何度めかのテイクが、始まった。台詞のひとつひとつが、心の底から湧き出てくる感情と共に吐き出される。「ごめんね」そう言うと涙が次々とあふれてきた。最後は仲直りの泣き笑いだ。べしょべしょで笑って、カットがかかった。

「チェック、オッケー！」と監督の声が響き、スタッフは一斉に機材を片付け始める。「すいませんでしたぁ！」と皆に頭を下げ、監督の方に向かった。監督は立ち上がって待っていた。「良かったよ」と手を差し伸べてくれた。「ありがとうございました」と固く握手を交わした。

私と健太は、もちろん血はつながっておらず、また、顔を合わせるのもドラマの期間中だけである。その中で、親子という関係性を築いていく。健太は、母の日にカーネーションをくれた。その日の撮影が終わって「はいっ、お母さん！」と手渡してくれたときは、思わずじーんとした。他の子を構っていたら若干嫉妬していたのもすごく嬉しかった。疲れてぼーっと座っていたら、無言で飴玉を差し出してくれたときは涙が出そうになった。他のママ友役の女優さんと「うちの子はね……」とお互いの我が子自慢をすることもあった。「嘘」の世界での「本当」は日に日に確立されていった。

三カ月半続いた現場での最後の日の撮影シーンは、なんと撮りこぼしたワンカットのみだった。しかも、親子で歩く後ろ姿。カメラが回れば十秒で終わる。もちろんこれでもれっきとしたお芝居なのだが、気を張らずに済むような気分。晴れやかな気持ちはあったものの「終わるぞーー！」という実感が全くなかった。

私がメイクを始めると、いつも健太は鏡の周りでうろうろしている。が、その日はなんだかいつになくハイテンションだった。「えっへへーー」と笑いながら歌って踊って、駆け回っている。私もメイクが終わると「よーーし、じゃあ私も！」と加わった。ほどなく「現場の準備ができたので、お願いしまーす」と呼ばれた。快晴のなか、手を繋いでルンルン、と現場に向かった。

「よーい、スタート！……はい、カット、チェック！……オッケー！」

まさにこんなスピードだった。ラストカット（しかないのだが）のチェックが始まると、現場はなんだかそわそわし始める。わらわらとスタッフが集まり始める。「それでは……」と助監督が溜めを作りながら言う。「秋山侑子役の杏さん、オールアップでーーす！」スタッフがわっ、と拍手をしてくれる。いつのまに、奥から健太が、大きな花束を抱えてやってきた。「わぁ、健太、ありがとう!!」受け取り、皆に挨拶をする。

「初めての主演、至らないところも沢山ありましたが、皆さまのおかげで、乗り切ることが出来ました！　本当に、ありがとうございました!!」

メイキング用にカメラが回っている。健太は、お芝居以外のとき、テレビで素顔のコメントを求められると、急に照れて喋れなくなってしまう。そこが可愛いのだ。この時もさっきのハイテンションはどこへやら、むっつりと黙って下を向いてい

た。「ほら、けーんた！」呼ぶと、はっとこちらを見た。花束を持ってしゃがんだ私のほっぺに、キスをしてくれた。自分自身で「最後、終わっちゃうときは泣くかなぁー」なんて予想していたのだが、終わりの実感が無いのもあって、あっけらかんとしていた。「じゃあ、現場すみやかに撤収してくださーい」助監督の号令が響き、全員がばらけようとしたその時だった。

「……うっ…うっ……」

「……健太？」

覗き込んでびっくりした。健太は泣いていた。朝のハイテンションも、さっきのむっつりも、全部「今日で終わり」を我慢していたのだ。なんといじらしいことか。

「なぁに、どうしたの、健太ぁ」

笑ってそう言った私の目からも、涙が噴き出た。思わず抱きしめた。本当のお母さんから「昨日も、もう終わっちゃうって泣いていて、ありがとうの手紙も涙で汚してしまって書き直したんです」と聞いた。健太からの手紙には「ぼくのこと、わすれないでね」とあった。

忘れるもんか、と思う。経験したことのなかった、母親役。お芝居だったとしてもこんなに可愛い子供を持てたのは、この上ない幸せだ。

「嘘」の世界のなかの「本当」が、画面の中できらりと光る（遅いよ、と突っ込まないで)。それを初主演作で知ることができた。「名前をなくした女神」に関わったキャスト、スタッフ、それから見てくださった方々、ありがとうございました。

拝啓、ベラ様

拝啓、ベラ様。お元気ですか？　先のドラマ「妖怪人間ベム」では、大変お世話になりました。あなたが私の中に居た四カ月間は、自分でも、今まで見たことのない自分を見ているようで、本当に不思議な気分だったんですよ。

思えば「妖怪人間ベムを実写化する」というオファーをいただいたのが二〇一一年の夏でした。こんなことを言っては怒られてしまうかもしれないけれど、私は「妖怪人間ベム」という題名のアニメが昔にあったな、くらいのぼんやりとしたイメージしかありませんでした。

「私が、妖怪人間ベムベラベロの、ベラなの⁉」

いそいで「ベラ」というキーワードで画像検索してみました。すると、海にいる「べラ」という魚がたくさん出てきました。不精するものではないですね。「妖怪人間」の言葉を足したらなるほど、あなたのお姿が出てくるではないですか。しかもお恥ずかしい、私は「妖怪人間」の主人公が小さな男の子、ベロだと勘違いしていたことがわかりました。ベムは大きくて怖そうな男の人でした。そしてベラ！　背の高い女性、ということできっと私との共通点があるのでしょうね、そこまではわかったのですが、あなた、指、三本じゃないですか。これを連続ドラマで実写化するなら、私は待ち時間、コップでお茶を飲むのにも一苦労しそうですよね。爪も長いですし、ドアノブすら開けられなくて、お箸を使ってお弁当を食べるのも出来なくなってしまうんじゃないかと戦慄が走りました。白目に当たる部分も黄色い（黄目と言うの？）ですし、アイシャドウもきつく塗って、口は真っ赤で裂けんばかりの迫力でした。

さっそく私は、一九六八年に放送開始されたテレビシリーズのＤＶＤを取り寄せて観てみることにしました。「ベラをやる」という視点で観るのですから、当然ベラの姿を今か今かと注目していました。

……ぶったまげました。おっと、言葉が過ぎました。わき上がる驚きの念を禁じ得ませんでした。だって、あなたの初登場は、生首だけで浮かんでいたのです。しかも高笑いをしながら。おまけに「今夜の寝床だよ」なんて言って、鉄橋の高架にコウモリのように逆さにぶら下がって仲良く並んで寝るし、何かあれば鞭を振り回し、そして醜い妖怪の姿に変身する。舞台設定は外国の街のようですし、でもあなたは江戸の姐御とでも言わんばかりの伝法な口調。

「これ……どこからどこまで、どうやって実写化するんだろう……」

連続ドラマは持久走です。三カ月、毎週必ず訪れるオンエアーの時間に間に合うように、四カ月間つなぐバトンは途切れることがありません。ですから、制限時間の中で出来ることはどうしても限られてきます。このつぶやきは、ただ大変そうだな～、と面倒臭がっているわけではなく（本当ですよ!!）、どう実写化するのかが全く読めなかったのです。

そうこうしているうちに、「型取りに来て」とテレビ局からお呼びがかかりました。特殊メイクをするのに、顔と肩の型を事前に取らねばならず、ドラマの構成などの詳しい説明は、監督やプロデューサーがその時に説明してくれるとのことでした。特殊メイクは初めてなので、なんだかワクワクしました。特殊な素材で顔を覆い、それが固まったら外して中に石膏を流し込み、顔の型が出来るのだそうです。特殊メイク班の方は「顔に付ける素材は海藻から作られているので、ちょっと重いですがパックをしているような気分でリラックスしてくださいね」と仰っていました。素材を顔全体に載せた後はミイラのように包帯で頭全体をぐるぐる巻きにされます。鼻の穴から息が出来るようになっているのですが、口は取ってもらえるまで開けられません。このまま外せなくなったら……と考えるとゾッとするのでなるべく考えないようにしていましたが、取り外した後、私の顔の型を覗いたら、緊張して口を固く結んでいたからか、顎の部分が「しわしわのうめぼし」状態になっていました。

型取り現場には主要スタッフが揃っていました。総合演出は、二年前に女子高生役で出演したドラマ「サムライハイスクール」で一緒だったカリヤマさんなので、ちょっぴり安心。プロデューサーのカワノさんは個性的な服装で変わった人に見えるのですが、熱っぽく語る瞳は燃えていました。

「妖怪人間たちは、早く人間になりたい、と真剣に言う。そこから、人間という存在を見つめ直すヒューマンドラマにするんだ」

私はアニメを見て、妖怪が戦うアクションドラマになるかと思っていたから、ヒューマンドラマという言葉に驚きました。

「ビジュアルは、なるべく現代の日本の風景にギリギリ落とし込めるリアルさを持って再現したい。だから指は五本のままでいきます」

その代わり、妖怪三人の身体には、人間の姿をしているときでも妖怪の名残が残るという設定にする。それぞれ肩とおでこに鱗（うろこ）のようなものが生えている。それで先ほどの型取りだったわけです。衣装の原案イラストも見せてもらいました。今度衣装合わせをするから、アイデアがあればその時までに考えておいてね、と言われてその日は解散しました。

そしてやってきた衣装合わせの日。普通なら何着か色々なパターンの衣装を試しに来てみて方向性を決めるだけなので、小一時間で終わります（私は身体のサイズが規格外だったりして、再衣装合わせも多いですが……）。しかし今回は着替え無しの一着のみだったにもかかわらず、三時間半もかかりました！ 変化があってはいけない妖怪の衣装は一着のみですから、余計にそうだったのです。今決めておかないと、撮影が始まってからでは修正が出来ない。皆でたくさん意見を言い合いました。ベラ、あなたのビジュアルは実写にはなかなか難しいのよ。マントは一枚の布のようなマント然としていると大分目立つので、トレンチコートのような大きな襟をつけるのはどうかな？と提案しました。その方が、人間に見せてはいけない肩の妖怪の部分も、通常の動きではバレにくくなります。そして後ろ姿もシャープに見えるように、腰の辺りにアクセントを入れました。おでこの鱗隠しも、どうするか悩みました。前髪で隠すのですが、それだけでは見えてしまう。前髪を装飾品で固定する必要がありました。ベムは帽子。ベロはゴーグル。ベラは……？ タイガーリリーのように細い紐で固定する案もありました。最終的には、ギリシャの彫刻のような月桂樹の冠をイメージして、カチューシャを後ろからはめることにしました。本来アニメには無かったアイテムだけど、そうして前髪を固定することによって、正面から見たベラのビジュアルはアニメに近くなったのではないか、と思うのですが……気に入ってもらえたでしょうか？

結局、その後再々衣装合わせまでしましたが、結果オーライで衣装案もまとまり、私は布団に頭を突っ込んで高笑いの練習をしながら、撮影開始を待ちました。

撮影が始まってからは、あっというまでした。とても濃い四カ月間でした。あなたの仕草を、口調を表現することで、自分でも聞いたことのない声や表情が出て自分でも驚きました。大男のベムはカメナシ君が、繊細で純粋、中性的な青年として演じました。七歳のフクちゃんが演じたベロは、無邪気で愛らしい姿が、長い間同じ姿のまさまよってきた内面とのギャップで笑いをさそい、また涙をさそいました。

ベム、ベラ、ベロ。三人は（アニメでは三匹と称されていた。彼らは全く以て人間ではないのだ）どんなに迫害されても、「人間になりたい」と純粋に憧れて言います。人間に向かって「あんた、人間だろ？」と言う台詞で、そこで初めて「あ、そっか、私人間だったんだ」と気付きます。「あなた、こんな人だよね」「○○人だね」とは言うけれど、「人間だろ」とはなかなか言

いません。自らの人間としての存在の、普段地中に隠れている根っこの部分を引きずりだされた気分になるのです。今でも普通の会話の中でつい「人間はさ」と言ってしまいます。

三人は人間に正体がばれないよう、闇に隠れて生きているから、温かい食事や寝床、定まった住まいとは無縁です。彼らがふとそんな小さな幸せに触れたとき「ああ、そうだよね、当たり前に思っていた日常って、実はすごく幸せなんだ」と気付かされます。ベム、ベラ、ベロ。あなた方は沢山の大切なことを気付かせて、教えてくれましたね。私はベラ役として、この世界の中で生きられたことを本当に幸せに思います。ありがとうございました。

ベラ、四カ月一緒に歩んでくれてありがとう。ドラマの撮影が終わって四カ月ほど経ちました。今でもあなたの居た跡が、胸のなかにぽっかりとあいたままで、そこが埋めてはいけない穴のようでそのままにしてあるのですが、また、あなたは私のところにやってきてくれるのでしょうか。そんなすてきなお話、あれば良いのですが。とりあえず、しばらくはそのままにしておきたいと思います。

それでは……。

かしこ

出会いは広がる

投球ズバーンさん

小さい頃野球をやっていた、と言うと驚かれる。「女の子が、野球⁉」と。その後「それも、リトルリーグに居たんです」と続けると、驚きの声はさらに大きくなる。

そう、私は小学校時代はリトルリーガーだった。とはいえ、しょせん小学生。本人なりに真剣に頑張っていたとは思うが、今はあえて、ただ夢中になっていた程度、と言いたい。

「野球少女」という言葉から、皆が想像する姿は、アニメや漫画のようなフィクションの域に達してしまうことが多いからである。

とにかく小さい頃、私はただただ、野球を楽しんでいた。

出られたところで良い成績が残せたとも毛頭思わないが、甲子園に女子が出られないと聞いて、子供心に少し落胆もしていた。ただ、この仕事を始めてすぐに「高校野球イ

メージキャラクター」という形で甲子園に関わることができて、凄く嬉しかった。

今でも野球を見るのは好きで、でも熱心なドコドコのチームのファンというよりは、野球を見る行為そのものが好きなんだと思う。試合に誘われれば、どこのチームだって行ってみたいと思う。ファインプレーに攻守関係なく声をあげて反応してしまうため、周囲から不思議な目で見られることもしばしばである。

しかし、どこか挙げて、と言われると、やはり思い入れがあるのは自分の出身地である東京に属するチームである。『巨人の星』そして『新・巨人の星』を愛読し、所属していたリトルリーグのチームでそろって原辰徳選手の引退試合を見に行ったりもしたので、巨人には格別の思い入れがある。

だから、仕事の現場で野球トークになったときにはよく「そんなに野球が好きだったら、いつか始球式とかやれたら良いのにね」なんて話になることもあった。

「そうだねぇ、そんなこと、できたら良いんだけどなぁ」

「そんなこと」が起こるのは、いつも突然である。

「今度、始球式に出るっていうお話をいただいたから」

そうマネージャーに言われたときはさすがに耳を疑った。あまりにも突然だったからである。ほんとに、ほんとに⁇　と、まさに鳩が豆鉄砲を食らったような体でマネージャーに詰め寄る私。

夢にまで見た始球式。それも、何度も行った東京ドーム。しかも、巨人阪神戦。どこをどう切り取っても夢のような話である。急にその話がオジャンになったらどうしよう、と不安に思う心とは裏腹に、足は自然と飯田橋の野球用具専門店へと向かっていた。

ブランク、十余年。私はもともと外野手（『野球狂の詩』に感銘を受けたコーチから、ピッチングの練習をさせられたこともあったにはあったが、向いていないことがすぐわかったので、結局レフトに落ち着いた）。いくら「昔取った杵柄」ということわざがあったとしても、今回それをすんなりと適用できるとは思えない。練習。練習あるのみである。私の眼の奥には、どこかで見たような炎がうずまいていた。頬には横線が三本ほど入っていたかもしれない。

「平成の北斎」を自称するほどに引っ越しを重ねてしまった私の愛用していたグラブは、いつのまにか手元を離れてどこかへ行ってしまった。本当なら、使っていたグラブがあればドラマ性も増すとは思うが、いかんせん、残っていたとしてもサイズが小さいと思うので、グラブを新調することにした。

真新しいものより使用感の出たものの方が良いのは、道具の不文律でもある。野球をやっている人はすべて「新品グラブ傷めつけの儀」を行っている。練習を終え帰宅した後に、グラブを開いて尻の下に敷いてみたり、ひたすらボールをミットに近距離で投げて入れてみたり（遠目に見ると、拍手のような動き）、革をやわらかくするために、ありとあらゆる「慣らし」を試みるのだ。

そんなわけで、本番まで時間も無いなか、できれば「こなれたグラブ」が手に入れば一番である。野球用具専門店にて一人腕組みをする、目深に帽子をかぶったハイヒールの女。久しぶりに見る野球用具に内心おおはしゃぎしながら、傍目には冷静に見えるように、グラブが陳列されている棚をじっ、と見つめる。充分怪しい。いくつか手にはめてみる。ああ、こんな感じ。革の匂い、手首のファーの部分。新品の硬さを慣らすために、お湯に通すサービスもある、と貼り紙がしてあった。しかしそれには何日かかるらしい。

「ふー、む」

ふと、足もとに目をやると、籠の中にこなれた風情のグラブが入っていた。《店頭陳列品につき、特価》ひょいと手に取ってみると、確かにだいぶこなれている。新しいものではなかなかできない、グラブを開いて閉じる、パカパカとした動きがとても滑らかにできる。多少すすけてはいるものの、手になじむ感じは捨てがたい。全体像を見るために、一度手をグラブから抜いて、しげしげと見つめてみた。

「あっ」

最初は気がつかなかったが、グラブ内部の手を入れるところに、刺繡が施されていたのである。おそらく、刺繡見本として飾られていたのだろう。問題はその名前である。

『達也』

——私を、始球式に、連れてって——

……そんな、浅倉南の声が聞こえた。気がした。

購入、決定。グラブのほかには、軟球と硬球もそれぞれ一つずつ。

ブランクからの復帰は、まず「タマカン」を取り戻さねばならない。この言葉、球に対する感覚、すなわち「タマ勘」と書く（真偽不明）。「タマカンがある人は、ある程度の球技できちゃうよね」とこんな風に使う。とにかく、球に触れていること。球と仲よくなること。リハビリの第一歩は、そこからだ。

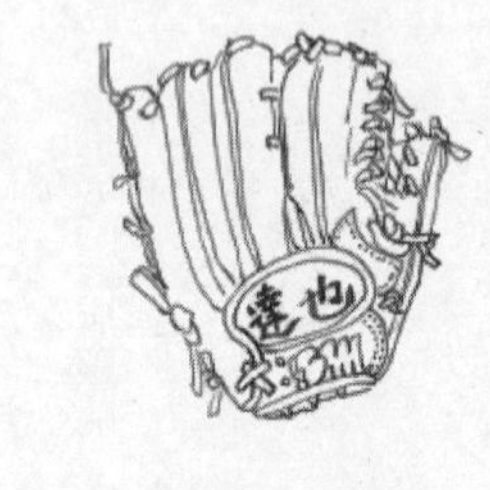

早速、翌日仕事現場にグラブとボールを持って行った。特に野球経験率の高い男性スタッフは喜んで相手をしてくれる。キャッチボールは心の交流、と言うが、まさにそう

思う。いつか自分に子供が生まれたら、親とのキャッチボールは必ずさせたい。スタッフとボールをやり取りしていると、つい「どぉ〜だ、最近学校は」なんて言いたくなってくる。と、いうか実際に投げながら言ってみたら「あー、わかるわかる、そんな感じだよねぇ！」と共感してもらえた。

空き時間の都合上、キャッチボールは十分そこそこだったが、それだけでも充分に楽しかった。キャッチボールはある種の平和を生み出すことを改めて認識した。

結局その日はそれ以上キャッチボールをすることもなく、撮影は終了した。もっと練習してみたい！と目の炎と頬の線に加え、若干眉毛まで濃くなった（ような気分になった）私は、仕事が終わったその足で神宮へと向かった。

都会のオアシス、神宮外苑。昔警察官だった祖父はここで狸を捕まえて新聞に載った。昭和中頃まで狸が居た、緑溢れる公園。その中央には、同じく東京がお膝元、ヤクルトスワローズの神宮球場が鎮座ましましている。今回の目的地は、その隣のバッティングセンター、に併設されているピッチングセンター。野球の投げっぱなしだ。

マウンドとベースが作られ、ストライクゾーンに枠が設けられている。それをさらに三×三で区切った「的あて」のコースと、ストライクかボールかを判断してくれる「アンパイアコース」がある。どちらも投球速度を測ってくれる。私はアンパイアコースを選択した。

力むと、叩きつけてしまう。力を抜くと、すっぽ抜けてしまう。始球式は一球しか無いのだし、とにかく、その一球をストライクゾーンに投げられれば良い。速度は二の次、三の次。

隣のマウンドからはズバン、ズバーンと心地良い音が響いていた。

「あーっしまった！」「んー、惜しい」「あっ、ばかっ」

一人でなんやかやとうるさい私のマウンドとは大違いで、黙々と球を投げている。ちらりと横を覗くと、投球速度が表示される電光掲示板には「80キロ」「100キロ」の数字が次々に現れていた。住む世界が違うなぁ。ちょっとはあやかりたいもんだなぁ。

汗だくになりながら《たっちゃんグラブ》とともにヘッポコ投球練習を続ける私に、

「あのう」

と声がかかった。先ほど隣で投げていた、投球ズバーンさんだった。

「サイン、いただけませんか」

聞くと、奥様が第一子を出産されたばかりで、その子供にサインを、とのことだった。奥様が私のファンでいてくれているらしい。

スポーツタオルにサインをするのを手伝いながら、ズバーンさんは、

「よく、こちらにはいらっしゃるんですか？」

と訊いてきた。

「いえ、何度か来たことはあるんですけど。実は来週、始球式に出るので、その練習に来ているんです」

「それは凄いですねぇ！」

今度は私が逆に訊いてみた。

「野球、されていたんですか？」

ズバーンさんは高校時代、野球部で投手だったらしい。今は自衛隊におり、今日はこの後同僚と神宮球場に試合を見に行くのだそうだ。

「キャッチボールや壁当てなら、防衛省が広くって良いですよ！」

とはいえ、一般市民にはおいそれと壁当てには行けないだろう。

そんなことを話している流れで、投球練習に付き合ってもらうことになった。

ズバーンさんの指摘はさすがに的を射ていて、わかりやすく的確なものだった。

「つま先をベースの方に向けて着地させる」

「ふむふむ」

「投げるヒジは肩より上から振り下ろす。ヒジが上がりやすいように、モーションに入

る前に腕を垂直に上げると良い」

「ふむふむ」

「グラブの方の肩も使って投げる。ちょうど、ボクシングのパンチのように、出す方の反対の方を引いて力を出す」

「おおっ、ふむふむ」

足を意識すると腕が伴わなかったり、その逆もあったり、全てを同時にこなすのはなかなか難しかったが、それでも格段にコントロール精度が上がった。

一回で十五球のピッチングを、二回見てもらった。クーラーのないピッチングマウンドで、汗だくである。

「急に教えていただいて、本当にありがとうございました」

「いえいえ」

お礼を述べて、マウンドを後にしたズバーンさんに続いて帰ろうかと思ったが、もう一度言われたことをじっくり反芻しながら練習してみたい思いにかられ、最後にもう十五球投げてみることにした。

ズバーン、とまではいかないが、なんとか形になってきたような気がする。あと数球というところで後ろを振り返ると、心配したズバーンさんが戻ってきていた。

「まだやってたんですねぇ」

「あ、はい、やっぱりもう一回練習しておこうと思って！」

「こういったマウンドでの練習も大事だけれど、機会を設けるのも難しいでしょうから、あいた時間になるべくキャッチボールをするのも良いと思いますよ。キャッチボールをする時間はありますか？」

恐らくズバーンさんは、始球式までの間にキャッチボールの時間を設けられるか、と聞きたかったんだろう。しかし暑さで朦朧としていた私は、今キャッチボールをするのかと勘違いして「今、やってくれるんですか？」とトンチンカンな反応をしてしまった。

「あ、ああ、良いですよ」

少々戸惑いつつ、ズバーンさんはキャッチボールに応じてくれた。

「ピッチングセンターは軟球だったけど、硬球を持っているなら、本番と同じ硬球でキャッチボールしましょう。あ、ジブン、グラブは無くって大丈夫です」

私だったら、素手での硬球キャッチボールは怖くてできない。そこはさすがのズバーンさん、いとも容易く硬球を手に吸い寄せる。

「うんうん、良い感じですねぇ」

キャッチボールはやっぱり、楽しい。硬球のこの、硬い

当時の写真を
見ると
大体
意外と
腰が入っていない

感じ。グラブに収まったときの、心地良い切れのある音。

ズバーンさんはしばらくキャッチボールに付き合ってくれて、今度こそランニングしながら去って行った。どこかで着替えて試合を見に行くんだろう。

そういえば、ズバーンさんの名前を聞くのを忘れていた。

そんなわけで今回は通してズバーンさんと呼ばせていただいた。

自衛隊員のズバーンさん、本当に有難う。

ズバーンさんが「俺が教えたんだぜー」と言えるような投球ができれば、と思う。

野球が繋いでくれた、不思議な縁だった。

満員の東京ドームのマウンドの上。想像するだけでゾクッとする。普段緊張をあまりしない性質ではあるが、さすがに平静は保てないだろう。感極まって泣いてしまいそうでもある。

野球をやっていて、本当に良かった。

そして、この仕事に出会えて、本当に、良かった。

追伸。ズバーンさん、ごめんなさい。やっぱり緊張のあまり、結果は痛恨のワンバウンド。

手紙の縁

メールが当たり前になった昨今、手書きでメッセージを伝える機会はぐっと減ってしまった。しかし、やっぱり手紙は大切だと思う。それに、なにより楽しい。学生時代、配られたプリントをノートに貼らずに書き写したり、辞書の項目をひたすら書き写したりしていたから、たんに、手で文字を書くのが好きなのかもしれない（なのに、綺麗なオトナの文字はいっこうに書けるようにならない）。

「ありがとう」の気持ち。

「旅先で感じたこと」のお裾分け。

葉書は美術館や旅行で買ったものを使う。行った先でカードが売られていると、ついつい買ってしまうのだ。その数、推定百は軽く超える。大きめの箱に所狭しとしまわれている。需要と供給のバランスはやや崩れ、それでもついつい、特別な場所に行くたびに買い集めてしまう。買ってすぐに使わなかったとしても、多く手元にあると、その中からその時の気分で葉書が選べる。その選定作業からすでに楽しい。

本をいただいたから、本が描かれている絵葉書にしてみようか。いや、本の内容が浮世絵だったから、浮世絵の絵葉書にしようか。あ、黄色が好きって言っていたから、黄が基調の紅葉の絵葉書にしてみよう。と、こんな具合である。

長い文章を書くときは下書きをしたり、漢字が怪しかったら辞書をひきひき、万年筆や筆ペン、ボールペンを使って思いのままに書く。もはや自己満足の域かもしれない。

そんな手紙が紡いだ縁があった。

ある日、突然一通の手紙が届いた。とある雑誌の編集者からで、内容は大体こんな感じだった。「お会いしたことも無いけれど、先日インタビューで本が好きと言っておられたのを拝見して、思わず手紙を書いてしまいました。お勧めの本を同封します。よろしければ、是非」編集業の方は、皆手書きの手紙の上手いこと。この方の手紙も万年筆の麗しい文体で彩られていた。

嬉しくなった私は、早速返事を書いた。「いただいた本の著者は私も大好きな方だったから、とっても嬉しかったです。有難う御座いました」

その後、もう一度くらい手紙の往復があった。話は膨らみ、マニアックなことまで語っていたかもしれない。今思えば、何だか文通みたいだった。「今度、そんな場所を巡る企画を作るから、ロケに行きませんか」

何だか、楽しそう！　とワクワクしていたところ、その編集者、Iさんは実際に事務所にオファーをしてくださった。マネージャーからも話を聞き、「是非やりたいです！」と即答した。

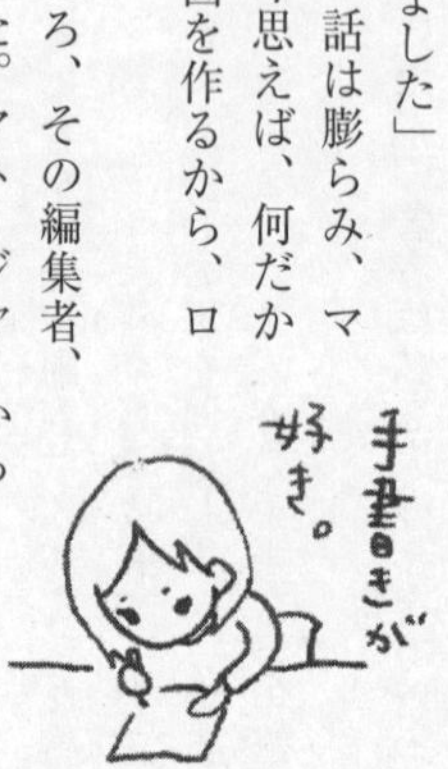

朝。羽田空港。

……まだ、一人。

Iさんたちはすでに現地でロケハン（下見）に入っていたため、待ち合わせは到着先だった。飛行機から降りてロビーへ向かう。眠たい目をこすって、辺りを見渡す（うーん、どれがIさんだろう？）。

そう、私とIさんは初対面だったのだ。

このお仕事、こんな場面は意外と日常茶飯事。事前に来る仕事の詳細の連絡は、FAXや電話。しかも、その作業はマネージャーがやっているから、声さえわからない。

わかっているのは、Iさんが女性だってことくらいだ（もし中性的な名前だったら、アウト?!）。一応Iさんは私の顔をご存じだろうから、発見してもらうしかない。

「杏ちゃんですか？」と声をかけてくれた人がいた。Iさんだった。

「はい、Iさんですね！　宜しくお願いします」

隣には編集長のHさんが居て、同じく挨拶をした。もちろん、Hさんとも初対面。Iさんはメガネをかけ、一見とっても真面目で口数が少なそうに見えるけれど、実際に話すと、少しのことであはは、うふふ、とよく笑う人だった。つられて私まで笑顔になってしまうほどだった。

ロケ地はどれもが遠くない場所にあり、天候もまったくもって問題がなかったので、撮影は滞りなく終了した。


日も暮れて、ホテルでひと休みしてから夕飯を食べに出かけた。本来、頑張れば日帰りで東京に帰れる時間帯だったけれど、インタビューも含めるとどうにも慌ただしい。せっかく手紙の文面から飛び出して会えたのだから、インタビューがてら夕飯でも食べ、ゆっくり語って翌日の朝に帰ろう、ということになったのだった。

夕飯は私が以前、仕事でこの地を訪れて紹介していただいたお店で食べることになった。ここは地元でしか食べられない旬の食材をふんだんに使った料理がわんさか出てくる。

「じゃ、とりあえず、ビール三つで」

たん、たん、たん、と小気味よい音を立ててジョッキがテーブルの上に置かれた。同時に、カチャ、カチャ、と二台のボイスレコーダーがテーブルの上に置かれた。持ち主はもちろん、IさんとHさん。

「取材ですからね！　テープまわしますね」

インタビューといいながら、飲み食いしながらなんて何てやつらだ！　と思われそうだけれど、内容は素晴らしく充実していた。リラックスできた分、会話もはずんだのかも知れない（とはいえ、飲みながらの〝インタビュー〟は初めてだったかも……）。「数ページの記事どころか、新書だって作れちゃいそうですね！」なんて話も出たほど、なかなか濃い四方山話ができたと思う。

「とりビー」（とりあえずビール、の意らしい）は喉の渇きを潤すのにはちょうど良く、汗をかいたジョッキが空になるのには、さほど時間はかからなかった。

「次は何飲みます？」と聞くと、両名揃って「焼酎、ロックで！」

店の大将はお勧めの焼酎の名前と特徴をつらつらと述べる。焼酎をほとんど飲まない私にとっては「へー、ほー、はー」の連続だ。私は日本酒の産地と名前をさんざん聞いた揚句「うーん、じゃあ、おすすめで」と失礼なオーダーをした。一合をちびりちびりと飲む。

Iさんと H さんは三、四杯を良いペースですいすいと飲んでいた。

初対面だったのに、やっぱり「飲みニケーション」の力は凄い。破顔一笑、あっと言うまにご飯を食べ終わった。私は様々なやりたいこと、夢を語ってはいちいち語尾に「まぁ、青い! 青い意見なんですけど!!」と付けて笑いをとっていた。今思うと何が面白いのか謎だけど、その場の雰囲気ってのが確かにあったのだ。と、思いたい。

「歌いますか」と話を切りだしたのが誰だったかは覚えていない。店内にかかっている曲や会話に出てくる歌の好みがいちいち合ったものだから、そうなるのは真っ当な流れだった。

とはいえ三人とも、ホームを離れアウェイへと仕事に来た身。カラオケがどこにあるかなんて知る由もなかった。編集長がスッとお手洗いに立ったかと思ったら、後ろから声が聞こえてきた。お会計をしながらカラオケボックスの場所を大将にリサーチしていたのである。さすがジャーナリスト。

大将は快く「ちょうどうちの親戚が、近くでカラオケのあるお店をやってるんですよ」と案内してくれた。ボックスではないが、信頼できるから心配はないとのこと。

「一時間だけ、いきましょ!」

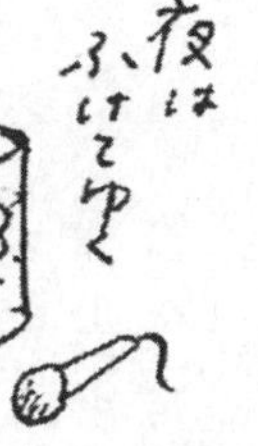

一時間ではすまないだろうなぁ、との予想は見事的中した。二〜三時間は居たかと思う。

今度は、三人揃ってハイボール。酔ったIさんは、「およげたいやきくん」に足が生えたような、手をすいすいと回す動きで踊っていた。私も「五番街のマリーへ」や「喝采」だの、とにかく昭和の歌謡曲を気持ち良く歌った。Hさんはただ笑っていた。何にでも反応して笑っていた。初対面の人同士がここまでリラックスできるのだから、本当に泊まりロケは面白い。

気がつくと私は二人から「おめ、面白いな！」と言われながらおでこをペチーン、ペチーンと叩かれていた。酔っている人は好きである。酔って壊れる人も良い。それだけ素が見られたような気分になれるから。十二時間ほど前に初めて会った二人におでこを叩かれながら、夜は更けていった。

翌朝。ロビーには水の入ったペットボトルを愛おしそうに抱えているIさんの姿があった。どうやら二日酔いとのこと。Hさんは朝日がやけに眩しそうだった。

タクシーに乗ると、Hさんは運転手に空港名を告げ、「急ぎで」と注文した。私は昨夜、ロビーに集合する時間と、飛行機搭乗の時間を並べて再確認しなかったことに気がついた。

搭乗時間ぴったりに、タクシーは空港に到着した。

カウンターのスタッフに、「どうにかなりませんかねぇ」と食い下がるHさんを横目に、既に諦めた私は、朝ごはんが食べられそうなレストランの営業時間をチェックしに空港内の案内図を見に行った。なんだか、三人の役割分担と言うか、それぞれの呼吸が一晩で出来上がったのだと思った。

それぞれちびちび……と元気なく朝ごはんをつつきながら、今回の旅について振り返ってみた。

IさんとHさんは「昨夜、失礼なことしてたらごめん……」と言っていたが、おでこペチンペチンは本当に気にしていなかったし、私も相当はしゃいでいた、と思うとお互い様であった。

羽田に戻って、自分のよく知る風景に、旅先で初めて顔を合わせた人と帰って来たのが何だか不思議な気分だった。

「じゃあ、また……」

簡素な挨拶でその場を後にした。これからもまた付き合っていくのだろうという確信があったからなのかも知れない。寝食を共にして思い出を分かち合えたのだから。
本当に泊まりロケは、面白い。

文楽と暖簾

文楽の舞台を初めて観たのは、確か十代の頃だった。だから、人形遣いの桐竹紋壽先生に初めて出会ったのも、その頃のはず。あまり詳しく覚えていないのは、あまりにもすんなりと、その世界に馴染んで親しみを感じるようになったからだった。

ことの始まりは、お寿司屋さん。「おう、杏ちゃん！」と迎えてくれる板前の大将は、ありがたいことに、私の出ている雑誌を毎月買って、店内の電話の後ろに飾ってくれるほど気に掛けてくれていた。大将の人柄か、様々な人が集まっているお寿司屋さんで、そのカウンターに同席して知り合ったのが、紋壽先生だった。大将はお寿司を握る手を休めることなく、「いやぁ、杏ちゃんと会わせたいと思っていたんだよぉ。良かった、良かった。文楽、興味あるんじゃないかなぁ、と思ってさ」と言う大将に、私は「はい、興味あります！」と威勢よく返事した。

紋壽先生は普段は大阪に住んでいて、公演のたびに日本各地を移動している。東京公演の際には、かなりの確率で、そのお寿司屋に寄るのだそうだ。先生は「じゃあ、今度、観に来たらええんや」と、公演の日程を教えてくれた。

数日後、私は国立小劇場に居た。お呼ばれして紋壽先生の楽屋に行くと、その日操る人形が専用の台に掛けられて、先生とともに出番を待っていた。「杏ちゃん、ちょっと持ってみぃひんか」と言われて、実際に持ってみる。人形は見た目よりずっと重く、簡単に動かせるものではなかった。「ええかぁ、人形いうんはな、人形の指先と目線の先が一致しておらへんとあかんのやぁ」と、先生がお手本を見せてくれると、確かにそうした瞬間に人形の眼の中に「視線」が現れた。「それから杏ちゃん、この口元、よう見てみぃ」言われたとおりに口元に目をやると、人形の口からは上向きにカーブを描いた小さな針が出ていた。「この針をナ……」すっと動かした右手を口元に持っていく。すると、着物の袖が口の針に引っ掛かる。「そんでナ」と言うと同時に人形の肩が震える。「おおっ」とつい声が出る私。「彼女」は袖の端を噛んで悔し泣きしていたのだった。驚いた私を見た先生は、嬉しそうな顔をしながら、針からするりと外した袖を人形の眼の縁にチョンチョン、とあててから、また元の台に戻した。

そしていよいよ、紋壽先生が舞台の上に登場した。人形は、頭と右腕、左腕、両足、それぞれを担当する三人の人形遣いが操っていて、紋壽先生は頭と右腕を操る主遣いだった。この役職の人だけが、頭巾をかぶらずに舞台に立てる。あとの二人は黒子頭巾をかぶっているから、紋壽先生はひと際目立っていた。先生はひたすら無表情。感情やその他すべての魂を、人形に乗り移らせているようだった。当初はカクカク、と関節っぽく動く人形らしい人形をイメージしていたけれど、舞台上に居たのは確かに人間だった。顔のパーツが動かないから、表情も変わらないはずなのに、笑っていれば笑顔に見えるし、泣いていれば涙が見えるようだった。小柄な紋壽先生は何時間も、何食わぬ顔で人形を操り続けていた。

初めての文楽は、予想をはるかに超えて面白かった。と、いうより、わかりやすかった。「古典芸能だから、わからなくて当然！　まずはその雰囲気を感じながら、徐々にわかっていけば良いかな」くらいに思っていたけれど、わかるのだ。もちろん、聞き取れない言葉や、展開の読めない場面もある。でも、昔の言葉遣いでも、なんとなく理解できるのだ。これには驚いた。むしろ、昔の言葉のままだからか、タイムスリップしたような気分になった。しかも、その独特な節回しや言葉遣いは、なんだか癖になる。観終わった後しばらくは、心の中のひとりごとが延々と「〜してたも」「〜だわいナァ」となったくらいだった。「あれ、あれ、おまいさまァ」なんてちょっと高めの声で吟じてみるのも楽しいものである。

パンフレットには「床本」という台本もついてくるので、たまにはそれを開いて「今はどの台詞を喋っているのか?」と台詞を目で追い、サイレントカラオケのような気分で楽しむこともある。さらに驚いたのは、ナレーション(の代わりの歌)、登場人物の台詞を全て一人の大夫と呼ばれる男性がこなしていること。老女、子供から男性女性、全てである。時には大夫が何人も出てきてクライマックスシーンを盛り上げることもあるけれど、大夫と、三味線の二人組が基本なのだそう。文楽に興味を持ってから読んだ、新人大夫の男性が主人公の文楽青春小説(こうして書くととても変わった設定だけれど、裏側の心理も知ることができてとても面白かった)、『仏果を得ず』という小説によれば、大夫と三味線は野球におけるピッチャーとキャッチャーのような、絶対的な信頼の上に築かれる、夫婦のような関係らしい。

公演が始まる直前の舞台を見せてもらったことがある。舞台の上には、お芝居の中で使われる、人形の大きさに合った小さめの建物が組まれていたけれど、畳がなく、

枠だけ、といった感じだった。確かに、舞台の上を人形が駆け回るためには、それを操る人間の分、なにより足遣いの人のためにも床を抜いて人が立つスペースを作らなければならないし、上部である主遣いは、その高さの差のために、二、三十センチもある高下駄を履いて動かなければならない。人形は踊りを舞うこともあるけれど、役によっては寝たきりの老人の場合もある。でも、床はない。だから、ただじっと座って話しているシーンでも、一瞬も気を抜いていないのである。知れば知るほど、見れば見るほど、「すごいなぁ、面白いなぁ」の気持ちは強くなった。

ある時、いつものお寿司屋さんで大将が、紋壽先生と一緒にサインを書いてよ、と言ってきた。紋壽先生はとても達筆で、番付表そのままの字体で「桐竹紋壽」と筆で書く。しかし、苗字の「桐竹」の部分は糸のように細い。こんな素敵な署名の隣に書くのはなんだか申し訳ない……と思いながらサインをじっと見つめていたら、紋壽先生はサインに隠されたエピソードを、ウィスキーとともに話してくれた。ちなみに先生の飲む水割りは、原液のままじゃないかとつい疑ってしまうくらいに、濃い。毎回、「家だとなぁ、止められてまうからなぁ。こういう時に飲むんやぁ」といたずらっ子のように話している。「このところ、ほっそいやろ、これな、細いと、番付が低いってことなんや。誰もが、最初は、このほっそい字で名前を書かれるんや。サインの苗字を細く書くんは、その頃の初心を忘れないためなんや」

紋壽先生は、人形を遣って五十年経つ。人形遣いの世界では、限りなく頂上にいる立場なのに、それでも「初心を忘れないためなんや」という言葉に、頭が下がるどころか、そのまま上がらない思いだった。

ある時紋壽先生は、楽屋の入り口に掛ける暖簾に私の名前も入れてくれた。青地にオレンジ色の「杏」の字が隅っこにちょこん、と居る。暖簾は、その楽屋の主の顔とも言うべき存在で、信頼関係のある間柄で贈ったり、贈られたりする。紋壽先生は、そんな暖簾に、私の名前も加えてくれたのだった。

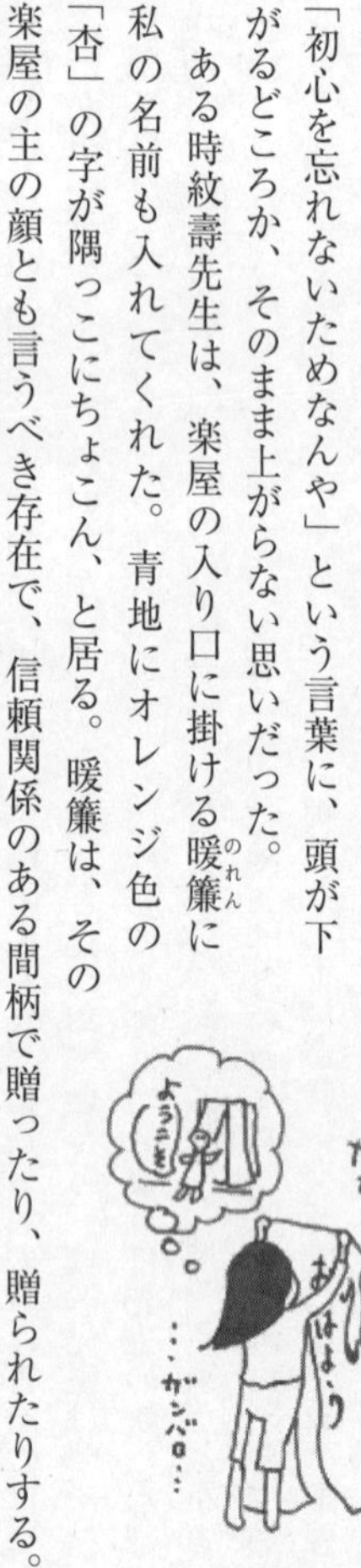

ある日、ミュージカルに出演が決まったことを先生に報告した。大阪での公演もあるから、是非観に来てくださいと伝えると、もちろん！　との言葉とともに、「じゃあ、大阪では、おでん連れていきます」と言ってくれた。さらに「ほんじゃなぁ、杏ちゃんになぁ、暖簾あげようかと思うてるんや」とまで。先にも述べたが、暖簾を下さるというのは、本当の関係が築けた間柄でのやり取り。恐縮する思いもあったけれど、「お願いします」と頭を下げた。その後、東京公演を観に行った際、開演をロビーで待っているところに、「杏ちゃんの好きな色、選んでぇや！」と色見本を手に、出番を控えているはずの先生が駆けてきてくれた。オレンジ色が好きです、と答えたら、その

色の見本の紙の端を切り取って、私に分けてくれた。そして数カ月後、きれいなオレンジ色の暖簾が届いた。いきなり開けてしまうのはもったいないので、ゆっくりゆっくり箱を開けた。途中でいったん閉じて、深呼吸してから、また改めて開けた。すると、眩しいようなはっきりとしたオレンジ色が目に飛び込んできた。そこには大きく、私の名前と、「おはようございます」の文字が染められていた。早速電話で御礼を伝えると、「あれだとな、いつ誰が楽屋にきても、挨拶できるやろぉ」と微笑んでいた。電話越しでも、紋壽先生の笑顔が伝わってきた。

暖簾が届いたのは、ミュージカル公演の半年以上前の春。秋の舞台はどうなるのか、誰も予想ができないなか、少しずつ作品に触れる日々だった。しかし、暖簾を受け取ったことで「私も近い未来に、この暖簾を実際に楽屋に掛けて舞台の上に立つんだ」と、具体的な胸の高鳴りを感じることができた。それは、少し怖かったけれど、何よりさらに待ち遠しくなった。本番の秋まで、精一杯頑張って駆けようと思えた。

紋壽先生の操る人形がくるぅり、と舞台の上を舞うみたいに、私も精一杯舞台の上で生きたい、と思う。舞台の上に居るのは人形でも人間でもなく、その「人格」なのだ、と教えてくれた紋壽先生。舞台を観てもらった後には、関西のおでんをつまみながら、感想をこわごわ聞いてみようと思う。

ノブトモ歯医者さん

口をあんぐりと開けて歯の治療を受けているとき、何かを喋ろうとしても難しい。「ああ、そうですね」と言いたくても、「ああ、おうぅ」が関の山だ。しかし、私の通っている歯医者さんは、治療中もてきぱきと手を動かしながら、よく話しかけてくれる。先生が話しながら作業をしている間、私は先生のメガネを見つめている。先生のメガネのレンズには、私の口の中身が反射して映っている。どんなことをしているのかという好奇心から、私の視線は大体、先生のメガネにロックオンされている。研磨機の先を取り替えながら、先生は言う。「そういえば、杏クンは格闘技は好きかな」(ちなみに、先生は私のことを杏クンと呼ぶ)。

それにしても、これは嬉しい。イエスかノーの質問だ! うなずくならできる。とはいえ、機械がチュミーンと音を立てている最中に顔を上下に動かすのも、迷惑だし危険である。眼をぱちくりと開けて「まぁ、そうですね」と伝えたい気分で、先生のメガネを追う。「僕はネ、ボクシングのセコンドの資格も持っているんですよ。だから、今日はこの後、ボクシングの試合に行くんです」「へぇーっ」と言ったけど、実際には「エー」だった。「はい、いったんうがいをしてね」と、先生は椅子の背を起こす。口をゆすいで、ようやく喋れるようになった私は、今度こそ答える。もちろんイエスかノーではなく、センテンスの多い複雑な回答だ。

「格闘技は、あまり観たことはないけれど、最近ジムでボクシングのクラスを取るようになりました」

先生は、フンフンとうなずきながら、背もたれを倒し、明かりをつけて口の中をのぞきながら言った。「ほうほう、そうですか。必要なら、マウスピース、作りますよ？ボクシングには、必要だからね。きちんと、型を取るからね」私の習っているボクシング、もといボクササイズは、ミット打ちはするけれど実際に攻撃はしない。もちろん、されることもない。マウスピース製作という、意外とスケールが大きくなってしまった話に「あ、いえ、そこまで本格的にはやっていないんです」と慌てて返答したつもりが、やはり発せられたのは「ア、アェ……」までだった。おまけに、開けっぱなしの口の中、たまった水が喉に引っかかりそうで、「カフッ」と変な声が出て、あやうく先生の作業を妨害してしまうところだった。あぶない、あぶない。その後、きちんと話したところ、マウスピースは戦うときにも必要だけど、何より力を入れようと歯をくいしばり、歯にかける負担を軽減する役目も担っている。だから、ボクササイズでも必要な場合もある、とのこと。ふむふむ。

とにもかくにも、そんなこんなで歯医者の先生とは、治療に行くたびに四方山話をしていた。ある時、治療が終わった後のフリートークで、歴史が好きだという話をしたら、「杏クンは信長、秀吉、家康、この三人だったら誰が好き?」と訊かれた。私は少し考えて、「信長……ですかねぇ」と答えた。治療を終えてマスクを外した先生の口角がニッ、と上がった。「そうですか! 実はネ、僕もなんですヨ」話を聞けば聞くほど、先生は熱心な信長ファンだということが判明した。毎年、信長の命日には、お墓参りに京都まで行くのだそうだ。

次に病院に行ったとき、先生は私の顔を見るなり、書斎へ駆け込み、「杏クンが信長好きなら、是非この本を読んで欲しいんですヨ」と、持ってきた一冊の本を私に手渡してくれた。ずっしりとした単行本で、タイトルには『信長の棺』とあった。「この本ではネ、本能寺で何が起こったのかという謎を追っているんですヨ」治療が始まっても、スイスイ手が動くのと同時に口から出てくるワードは、ほとんど信長関連のものだった。「阿弥陀寺にはネ、清玉上人という人が居てネ……」と話す先生の言葉に耳を、反射するメガネのレンズに目を集中させた。話も面白いが、先生は腕もピカ一である。「僕はネ、もう高齢だけれどもネ、仕事ができなくなったら、無理しないで引退しますヨ。できないならやらない。プロですからネ」そう言う先生は、絶対に妥協をしないという。昔患者さんの強硬なリクエストに応えて自分では不本意な治療をし、その人と何年もの歳月を経て再会した際に口元を見て、患者さんのリクエストとはいえ、やはり反対すべきだったと悔い、絶対に何年経っても満足できる治療しかしない！　と誓ったという。

エピソードはまだまだある。まだ歯医者の絶対数が足りず、誰もが歯の治療を受けられる状態でなかった高度経済成長期に「いいか、お前は次男なのだから、金や家を気にするな。身分の差も関係なく、人を救うのだ」という父の言葉を礎に上京、開業したこと。プロレタリアの色濃く残る時代、建設現場に地方から出稼ぎに来ていたお金のない青年たち三人を無償で治療したところ、彼らが田舎に帰るとき、治療の御礼にと三人がお金を出し合って買った角瓶を一本、涙と一緒に先生に渡したこと。宝物となったそれを、まだ飲めずに、そのまま取っておいてあること。聞いている私は、口を開けたままで返事こそままならない時も多々あるけれど、先生の話はどれも心に沁みる。変わった先生だなぁ、面白い先生だなぁ、と思うことも多いけれど、仕事に対する絶対的なポリシーと、公私の別なく、好きなことに対するまっすぐな情

熱は、聞いていて元気をもらえる。

さて、私は先生からいただいた本を早速読み始め、次の治療日までに読了した。信長の伝記を書いた実在の人物、太田牛一が主人公となって、信長の謎に迫っていくストーリーは、寝食を忘れて読み込んでしまうほど面白かった。先生の顔を見るなり、本の感想と御礼、それから週に一冊、好きな本を持ち寄って語るラジオ番組「BOOK BAR」でこの本を紹介させていただくことを伝えた。先生は大層喜んでくれて、放送時間を卓上のメモに記し、それを丸で囲んだ。先生の「絶対聴きますよ」の言葉は、嬉しくもあり、また、少し緊張もした。

ラジオの番組内で、私はまず、この本を手に入れたきっかけを話した。

「最近、〝ノブトモ〟ができたんです。信長友達で、ノブトモなんです」ラジオで一緒に話している大倉さんは、意外な造語に「えぇーっ?!」と驚くとともに、語尾に疑問符を付けて笑っていた。「友達と形容するには、少々語弊があるかもしれないけれど、信長繋がりで交流している歯医者さんから、今日紹介する本をいただいたんです。タイトルは――」

それからまた、私は先生のところを訪れた。軽々しく「友達」だなんて言ってしまったことに少しうしろめたさがあったけれど、先生はその「ノブトモ」の言葉をとても喜んでくれた。「家族の間でネ、ノブトモって言葉が流行ってるんですヨ」と言っていた。そしてまた書斎から、「お城が好きなんだってネ、この本は面白いですヨ」と、一冊の本をくれた。今度は、『意外と知らない！　こんなにすごい「日本の城」』という本だった。どこかで私がお城の話をしていたのを聞いていたのだそうだ。

そしてまた、私は夢中で読んだ。なんと偶然にも、その十日ほど後、その本を著した三浦正幸氏に仕事でお会いして城のお話を御教授いただくという、嬉しい機会があった。彼の本をあらかじめ読めていたことで、話も盛り上がったし、何より喜んでくださった。偶然のめぐりあわせに驚きながら、「ノブトモ」に感謝した。

先生のお陰ですっかり信長ファンになった私は、先生にプレゼントすべく信長グッズを手に入れた。本もいただいたし、その一冊一冊に仕事で助けられたから……という御礼の気持ちもあったけれど、同時に「こんな面白いもの見つけたから、先生に見せたい‼」という気持ちもあった。「面白いもの」の一つは、金平糖だった。金平糖、もといコンフェイトは、宣教師フロイスが信長に献上したお菓子として有名である。小説『信長の棺』でも重要なキーポイントだった。私が見つけたのは、パッケージに織田家の家紋が入った、信長バージョンの金平糖だった。そしてもう一つは、『信長公ご所望の南蛮音楽　王のパヴァーヌ』というCD。かつて安土城では宣教師たちによる御前演奏会が行われたが、どの曲を演奏したかは記録が無い。そこで、当時ヨーロッパで流行っていた曲を集め演奏し、収録曲のどれかを信長が実際に聴いたかもしれない……というコンセプトのアルバムである。信長が聴いたかもしれないと想像する楽しさもあるが、何より音楽が素晴らしい。私はこのCDを手に入れてから毎日のように聴いていた。

二つのグッズを袋に入れた特製「信長パッケージ」を手に提げて、私は再び先生の元に向かった。受け取った先生は、「先を越された！」と悔しがりながらも、「コンフェイトは神棚にお供えしますヨ！」と喜んでくれた。次の患者の方もいらしたので長話はせずに治療室を出たが、会計をしていると、受付の向こう側でCDを片手に「ビニールが開けられない！　ねぇ、これ開けて、かけましょうヨ」と助手の方に声をかけている先生の姿が見えた。私の視線に気づいた先生は、もう一度いらして「本当に有難うネ！」と言ってくださった。

ちょうどこの日で、治療もひと段落した。当然、治療の合間の四方山話とも、しばしお別れ。「後は半年おきに健診の葉書を送りますからネ、またその折に来てくださいネ」と言われて、なんだか寂しくもあった。

『信長の棺』は三部作らしい。その他にも、まだまだ信長関連の小説や歴史本が待っている。宣教師ルイス・フロイスの本も何冊か買った。時間を見つけて、史跡もめぐってみようと思う。そして、また信長グッズを見つけたら、話したいことがたまったら、ふらりとノブトモの所に行ってみようと思う。

クメール織の「伝統の森」

ナレーションの仕事は、難しい。

表情の見えない声だけでは、感情も伝えづらいし、かといって自分の言葉だけで語るのではなく、きちんと決まった尺の中に入るように原稿を読み、説明をしていかなければならない。

だからこそ、声の仕事は勉強になる。

普段は気にもとめないイントネーションの差異も、ひとつひとつ確認をして、場合によっては調べたりして進めていく。なかには、「こんなイントネーションだったんだ?!」と最後まで馴染めないほどの違いもあったりする。出身地が東京だとしても、喋っている言葉は決して「標準語」ではないのだ、と気づかされる。明確な標準語というのは、どの土地にも存在しないものなのだろう。

先日ナレーションをさせていただいたのは二時間のドキュメンタリー番組だった。海外で活躍する日本人の方々に焦点を当てたものだ。番組が追い掛けた日本人は三人。一人は、エジプトの伝統舞踊に出会い、本場カイロに渡って外国人としてトップダンサーに上り詰めた女性。外国人は踊ってはいけないという新制度ができて窮地に立たされるも、負けずに現地で闘い続けた。やがて法律が改正され、依然厳しい条件ではあるけれど踊れるようになった。休みの日すらも、ひたすらトップダンサーであり続けるために、ひたむきに努力し続ける彼女。「トップの座なんて、すぐに持って行かれてしまうもの。だから、普通の人よりも何倍も努力しなければだめ。時間も、お金も、かけなきゃいけないのよ。それが、求められている姿なんだから」という言葉には、同じショービズに関わる者としてこうあらねばならないなぁ、と思わされた。

次の一人は「革命家」と名乗り、アフリカはザンジバルで現地の人たちの生活を漁業、芸術、武術とありとあらゆる面で助けて支えて、自立をうながす活動を行う男性。

そしてもう一人。カンボジアの伝統的な織物「クメール織」に出会った、京都で友禅の職人をしていた男性。しかしカンボジアでは、続く内戦により、伝統を継ぐ人々がことごとく虐殺されてしまっていた。内戦が終わっても、職人が居ないところに織物は生まれない。「この、美しいクメール織を無くすのは、あまりにも惜しい」と、彼は現地に飛び、クメール織復興に全力を注いだ。お年を召した生き残りの職人の保護。材料である「黄金の絹」を作る蚕の育成や織り機の再生。人材、材料、機械全てが焼かれてしまったので、それらを一つ一つ、カンボジアじゅうをかけずり回って一カ所に集めた。やがて森を開墾し、「伝統の森」を作った。

ナレーションの収録は六時間以上に及んだ。彼らの一喜一憂を声で追っていくにつれて、会ったこともない彼らと、何だか知りあいになったような気になってくるのが不思議だった。実際に、先ほど三人の活動の概要をしたためたが、それも何も見返さずともすらすらと出てくる。

二週間後。私は荷造りをしていた。ラジオの仕事で、カンボジアの様々な声や音を録りに行くのである。行程表には、音やインタビューを録音する場所や人の名前が列記されていた。それを見ながら、必要なものを考えていく。一日めは遺跡めぐり。二日めの午前中は東南アジア最大の湖、トンレサップ。そして午後には、「伝統の森」の文字があった。思わず、「えーっ?!」と声をあげてしまった。インタビューをさせていただく人物の名前は、あの、クメール織を復活させた、森本喜久男さんだったからだ。こんなことってあるのだろうか。つい、この間、その人と間接的に関わったばかりだというの

に、何だか縁を感じる。わくわくしながら、私は出発した。カンボジア、アンコールワットのある街、シェムリアップ。

「あ、暑い……」

乾季に当たっていた。当然雨も降らず、太陽と一緒に気温はぐんぐんと上がり続ける。体温より高く、四十度にも軽々届く。出る汗と、飲む水の量が東京の比ではない。一日めの遺跡めぐりは、熱された石の中を歩くのだから、一番こたえた。夜が更けてから、星を見に再びアンコールワットに向かったときも、石を触ってみると、なおも温かかった。一年じゅう自然の恵みを受けるカンボジア。現地でインタビューした日本人の方はこう表現していた。「どこからともなく生命が湧いてくるんです、ホントですよ、どこにも繋がらない水たまりを作ったってエビや魚が湧いてくるんですから」そんな俄かに信じ難いこともあり得るのがここの風土だという。そんな環境だから、人の性格にもどこか余裕がある。よく使われる言葉「モイ、モイ」は、ゆっくりのんびり、という意味。旅を案内してくれたOさんは、二十年以上カンボジアに居て「カンボジア人が怒ったところを見たことがない」そうだ。しかし、自然が豊かで平和に見えても、内戦の傷跡は未だに癒えていないと言う。地雷の撤去も終わらないし、失った文化は取り戻せない。

そんな状況の中で、今よりもずっと活動が困難だった頃から奔走していた森本さんの苦労は、いかばかりか。想像するより他にないけれど、実際の声を、その場所で聞けるのだ。森本さんの作った「伝統の森」は、シェムリアップから車で一時間ほど行ったところにあった。生い茂った木々の中を通る道路は舗装されておらず、乾いた土が煙を上げる。

村のどの風景も、あらかじめ映像で見たものだったので、何だか不思議な気分だった。少し前にモニターで見ていた景色が、今目の前にある。そこから、同じくモニターの中にいた森本さんがゆったりとやってきて、挨拶をした。「先日、ご出演された番組のナレーションをさせていただいたんです」と告げると、「やっぱり！ 名前を見て同じ人なんじゃないかな、なんて思ったんですよ」と微笑んでくれた。完成した映像はまだ届いておらず、見られていないというのに、ナレーターの名前まで覚えていてくださったのがまた、嬉しかった。

親鶏とヒヨコと犬が足元を、子供たちが背中の後ろを通るなかで、森本さんへのインタビューが始まった。森本さんの視線は、ときおり自然を慈しむように、周りに外れた。

「織物ってね、自然なんですよ」と森本さんは言う。

木が無ければ、織物の機械も作れない。絹を出す蚕も育たない。染料の元となるのも、植物だ（クメール織は、わずか五色から繊細な色彩を織り上げる）。

「織る、という段階は、実はかなり最後の方なんです。それまでが大体八割くらい」

村を案内してもらいながらも話を聞く。糸を染めるにも、紡ぐにも熟練した技が必要だ。森では多くの女性が織物を作る作業（男性は織る機械の製造や、養蚕、畑での作業が主）をしていた。傍らには、子供の姿も。

「カンボジアは、子供が多い。ここの女性も、機を織れるようになって、自立していくと、そこで家族が作られる。そこで、職場にも子供を連れてきて作業して良いことにしたんだ。家に置いてきたり誰かに預けて、作業に集中できないまま七時間の作業をするよりも、子供を手元に置いて、二時間子供に時間を割いたとしても、きっと心が充実して進める作業から生みだされるものは、その時間のロスをも超えてしまうんだ。やりたくないことはやらなくても良い。やりたい、と思えることがいちばん大事なんだ」

手のかからなくなった子供たちのために、教室も作った。屋根の下に机が並んでいる、簡素な教室に子供たちがひしめきあい、我も我もと手を挙げている。先生の出す問題が足し算から引き算になった途端に、静かになったのが微笑ましかった。ここでは日本語も教えていて、子供たちは日本語で自分の名前と年齢をすらすらと言える。母国の文字で名前も書ける。

「多くの親は文字の読み書きができない。子供たちには、できるようになってほしいと願っているんだ。教室も、父親たちが作ったんだ。子供に、お父さん

が作ったんだよ、と誇れるのって、素敵だよね」

スタッフや村の規模は徐々に拡大していく。運営は、あくまで布を販売したお金で成り立たせていると言う。

「僕はね、ここの布は世界一の技術で作られるようになったと自信を持っているんです。欲しくならないような布なんか、作らない。絶対に欲しい！と思わせる布だけを、作りたい」

穏やかな表情に、優しい語り口調だけど、そこには確かに信念があった。誰も先に居ない道を歩んだ年数の深みが、目尻に現れているようだった。

東京に生まれて暮らしている私には、見たことのない自然や暮らしがカンボジアにはあった。映像でそれを広く伝えるのも大事だし、実際に現地に行って、その場の空気を吸って、人と触れるのも大事だ。今回それが、なにか意味のあるとしか思えない確率で、私に同時に訪れた。きっとこれは、終わりではなく、始まりなのだろう。最終的にどうなるのか、何ができるのか。どう関わっていくのだろう。まだわからない部分もたくさんあるけれど、そこは「モイ、モイ」。ゆっくり、確実に前に進んでいけたら、そこに道はできていく。

五黄の寅さん

二〇一〇年。

寅年に生まれた私にとって、二度目の年女を体験する一年がやってきた。

寅はトラでも、三十六年に一度のいわゆる「五黄の寅」にあたる年に生まれた私は、その言い伝え——この年に生まれた人は強い個性を持ち、特に女性の場合はその強さのあまり、お嫁にいけないという伝承がある——を小さい頃から聞かされて育った。折に触れて「私、五黄の寅なんです」なんて言うと、ほう！　と驚きまじりの反応が返ってくることもしばしば。お嫁問題はともかく、強いというのが何だか誇らしくもあった。

子供の頃京都で体験した元服の儀式「十三参り」では、数えで十三になる子供たちが各々大切にしている漢字を一文字お供えして、誓いを立てる。あろうことか女子の私はただ一人「強」の文字をしたためた。なぜこの漢字を選んだか、はっきりとした理由は

アレしかないかこ

覚えていないが、これも五黄の寅年に起因するのかもしれない。ちなみに、五黄の寅年生まれと言われる歴史上の人物は、広田弘毅、与謝野晶子、スターリン、沖田総司、ベートーヴェン、徳川家宣などが挙げられる。「五黄の寅生まれ?! だめだこりゃ」とからかわれたときのやるせない気持ちを、こっそり後日インターネットでひたすら調べて年号を遡り、昇華したのだった。この負けず嫌い、自分でも呆れる。十三参りで選ぶ漢字を「美」「優」「愛」「華」「雅」あたりにしていれば、今ごろもう少し……そんな周りの声が聞こえてきそうでもある。

兎にも角にも、「私は（五黄の）寅ガール！」の自覚は人一倍強かった。

そんな待ちに待った（?!）寅年。やっと巡ってきた、思い入れ溢れるこの年。せっかくなのだから、何かやってみたい。

私は、年賀状を作ることにした。

年賀状自体は、毎年何かしらオリジナルのものを作るようにしている。イラストを印刷することが多かったが、今年はせっかくの寅年！ 一生に何度も経験のできない、十二年に一度の楽しみとして、凝った年賀状を作ってみたい、そんな計画を長々と練っていた。

どのくらい「長々と」だったか。それは実に一年にも及んだ（ここで中島みゆき「地上の星」をイントロからかける）。〇八年暮れに、あるＤＶＤ ＢＯＸを入手したところからその計画は始まった……。

「来年の年賀状は、〝アレ〟をやろう！」と決めたのは〇九年二月ごろ。それは……寅さんへのオマージュである。「男はつらいよ」シリーズのDVDからインスピレーションを得たのだった。

最初は、映画のポスターをパロディして、「男はつらいよ」をもじってそっくりの書体で「女もつらいよ」なーんて筆で書こうかと思ったが、滑ってはいけない。絶対に。どうしたら失笑でなく、初笑いを誘えるか。もんもんと考え続けた結果、ひらめいた。やはり、今までやってきた仕事からすると、〝アレ〟しかない……。頭の中で方向性は固まった。

計画を実行にうつす時がやってきた。

六月。マネージャーとのミーティングで「年賀状の撮影を、秋に組んでいただきたいです」と、計画を告げた。そう、やるのはやはり、無謀なる撮り下ろしである。写真を撮り下ろすには、撮影する場所、時間、そして様々な人の御助力が必要になる。それも、それぞれのスケジュールを押さえなければならない。

九月過ぎ。私は絵コンテを書いた。テーマは「モードな寅さん」。イメージイラストをカラーで描いた。「見た人が、三秒後くらいにテーマに気付いて、驚きがありながらもクスッとくる」がコンセプト。ライティングは昭和レトロな風合い、かつ六〇年代のファッション誌っぽい雰囲気。メイクはモードになりすぎず、でもお洒落で、強い感じ。洋服は、全てをそのまま再現するのではなく、帽子やシャツ、腹巻きやジャケットなどの実際の映画のポスターに見られる特徴ポイントを押さえたファッション。

いろいろと書き込んだ、こだわり溢れる絵コンテとなった。果たして、スタッフの方々は集まってくれるのだろうか。

結果、どの方も二つ返事で快諾してくださった。本当に有難い。スタイリストのTさんは何度も入念に打ち合わせの電話をしてくれた。「寅さんだと、やっぱり青空がイメージなんだよね。だから、背景用の紙で、青空が描かれているものを注文しよう」

かくして撮影当日。ラックに並べられた、数々の衣装。東京衣裳から借りた、本筋の(?)衣装からは、トランク、お守り、腹巻きを使わせていただく。それ以外は、寅さんの特徴を押さえつつも海外ブランドのモードのエッセンスの入った女性用のアイテムを使うことになった。V字に開いたノーカラーのシャツ。チェックのらくだ色のジャケット。時計も寅さんが愛用していたメーカーと同じものを揃えた。

衣装を決めてから、ヘアとメイクを作っていく。デザイナーの方もいらしてくださった。全ての準備が整い、撮影がスタート。ポーズをあれこれと変えながら、構図を決めていく。

「トランクは、やっぱり持っていた方が味が出るね。でも、少し寄った方が迫力あるかも」

足元は雪駄を履いていたが、構図の関係で写らないこととなった。

「笑っているより、スッとしていた方が、何か面白いかも？」

「ポーズを決めているんだけど、決めすぎず。でも動きがあった方が良いね」

ああだこうだ、と話し合いながら撮影は無事終了。スタッフ全員で記念撮影をした後、撮った写真をセレクトしていく作業に入る。フィルムの時代にはしなかったことだけど、デジタルになった今では現場でそのまま写真のチョイスができるようになった。便利な世の中になったものだ。

「うん、これなんか構図のバランス良いんじゃない？」とフォトグラファー。

「これは、バランス良いけど、ちょっと服のシワが気になるなぁ」とスタイリスト。

「そしたら、これなんかポーズの具合が良いんじゃない？」

とモデルの私。

「そうだね、表情も良いしね」とメイクアップアーティスト。

「髪のなびきとしてはこっちの写真かなぁ」とヘアースタイリスト。

「明るさとしては、お正月だから明るいトーンの方が良いよね」

「後でトランクに〝2010 寅〟って漢字をはめ込みますよね。これくらいの位置かな?」とデザイナー。

皆で顔を突き合わせてそれぞれの意見を持ち寄り、話し合う。普段、モデルはこの最終的な話し合いには参加することがほとんどないので、何だかワクワクした。

撮影の後、私は葉書の宛名の面のデザインに取り掛かる。一休さんに扮した私が、屏風の前で捕縛用の縄を持って待ち構えているイラストを描いた。屏風は空白。ここに、年賀用の虎の切手が貼られて完成するというわけ。エヘン。おっと、鼻がピノキオの状態になっていました。自己満足ですね。そして、撮影スタッフの名前と、事務所の住所を書き込んで、宛名面は終了。文字の色の指定なども行って、後は虎の切手を手に入れるだけ。

ところが、虎切手の入手は困難を極めた。急遽印刷枚数が増えたため、当初予定していた倍以上を買い足さねばならなくなったのだが、時すでに遅し。どこに行っても売り切れ、もしくは数が足らず、結局都内五カ所の郵便局本局を回ることとなった。

そうこうしているうちに、印刷された年賀状が仕上がってきた。仕事を始めて十年目にさしかかる二〇一〇年の年賀状。自分でゼロの状態から企画した撮影は初めてだった。モデル、女優、ラジオ、執筆、様々な種類の仕事をさせていただいているなか、一貫して好きなのは「皆で何かを作りあげて発信していく」こと。今回、それを改めて痛感した。やっぱり、やりたい！　という情熱、実際に形になったときの喜びは、何ものにも代えがたいものがある。その気持ち、いついつまでも、忘れずに大事にしていきたい。そして力強く。そう、虎のように……。

そんな想いを新たに抱え、年が明けた次の日、私は熱海に居た。ＭＯＡ美術館で、光琳の「紅白梅図屛風」を見るためだった。そして、樹齢二千年の大楠を見に、来宮（きのみや）神社にもお参りした。神社のいわれを読むと、禁酒の神様も祀っておられる。珍しい「酒難守」も売っていた。トラはトラでも、飲酒の上の大トラにならないよう、こっそりとお祈りして、私は新たな一年をスタートさせたs

2010寅

フィレンツェ・ラビリンス

今から十年前、家族が一冊の本を買ってきた。タイトルは『デジデリオ』。読み終わった家族から「面白かったよ」と薦められて、中学生だった私は「ふぅん」と本を手に取り、パラパラとめくった。内容はルポルタージュ。著者の森下典子さんが、取材先で「あなたの前世は、ルネッサンスの彫刻家だった」と言われる。が、「まさか、前世なんてあるわけがなく、作り話だろう」と一笑に付すつもりだった。しかしその彫刻家デジデリオ・ダ・セッティニャーノがフィレンツェに実在した人物だったことを知り、ついに半信半疑のまま、イタリアまで自分の前世の謎を辿りに旅に出る、というものだった。前世はこうだった、と言われた内容の中には、実際の研究書、いわゆる一般的な史実どころか、それ以上に詳しいものもあり、そして不思議と、それらの辻褄もだんだん合ってくる。あまりの面白さに無我夢中でページをめくり、読み終えるまで本を

手放すことができなかった。実際の彼女自身の冒険譚と、歴史の中に隠されたミステリー、前世という不可思議な要素が絶妙に交わって「とにかく、この本はひとつの真実だ」という圧倒的な力を持った本だった。

その後も、その文庫本はずっと手元にあった。途中、友人に貸しても良いように、もう一冊買い足した。持っている本の数は割と多い方だと思うけれど、複数冊持っているのは、ただこの作品だけだった。二〇〇八年に本を紹介するラジオ番組「BOOK BAR」を始めたときも、すぐにこの本を取り上げた。改めて情報を調べると、『デジデリオ』は出版社が変わり、『前世への冒険』というタイトルに変わっていた。

そして昨年。二〇一〇年十二月、私の初ライブ会場に、ある女性が現れた。「実は、杏さんとご一緒したいお仕事の話がありまして、今日はその資料だけでも目を通して、興味を持っていただければと思って」と、手には『デジデリオ』の本を持っていた。「もしかして、その本のことですか?」と聞くと「ええ」と、私に本を渡してくれようとした。「いえ、実は今、ちょっとびっくりしているんですけれど、私、その本が大好きで何度も読んでいて、しかも手元に二冊も持っているんです」そう言うと、彼女は眼を丸くして「えぇーっ!」と驚いた。横にいたマネージャーも同じく驚いていた。ラジオで『デジデリオ』を取り上げたから、その関連で同じ本のお仕事の話が舞い込んだと思ったが、そうでもなく、ただ「歴史が好きらしいから、イメージに合うかなってピンと来て」とのことだった。「こんなことって、あるんですね」「それこそ、ご縁っていうのかもしれませんね」「じゃあ、是非実現させましょう！」そう言って、その日は別れた。資料に、と渡された本はマネージャーが持ち帰り、読むことになった。

仕事の内容はこうだった。『デジデリオ』を映像化する。それも、半分ドラマ仕立てで、半分はドキュメンタリー。つまり、この本をなぞりながら、私は著者の森下典子さんを演じ、東京を出発してフィレンツェを旅するのだ。大分前に、大沢たかおさんが『深夜特急』の著者、沢木耕太郎さんを演じながらインドを旅した番組があったが、それに近いイメージらしい。

半年後の二〇一一年初夏。「デジデリオ・プロジェクト」はついに実現するに至った。まずは東京のロケ部分の撮影が始まった。冒頭部分、全てのきっかけとなった取材の仕事の依頼を受けるところや、前世を言い当てられるシーン、フィレンツェに行くかどうか逡巡するシーン。その撮影の中で、著者の森下典子さんが陣中見舞いに来てくれた。涼やかな和服姿で、とても穏やかな方だった。パッと見た感じは、とてもフィレンツェに単身飛び込み、前世というおぼろげなキーワードを追いかける執念を持ったライターという、本の中の主人公と同一人物とは思えなかった。本当

は内なる炎を胸に秘めた人なのだ、と思った。しかし、実際の人物、同じ時代を生きる人を、本人に見守られながら演じるのは何度考えても、やはり不思議な気分だった。

フィレンツェに日本から向かったのは総勢七名。それにイタリア人のキャスト、コーディネーターを合わせると、大体十人くらいのメンバーでロケが行われることとなった。もちろん、この人数はドラマを作るには、最少人数と言って良いだろう。その人数でしか撮影できないような生のドキュメンタリーを撮りながら、ドラマの人格を演じていく。なかには、そこで必要なキーワードだけが書いてあり、台詞や流れは自分で創り上げていくシーンも幾つかあった。一般の方と話すことの方が多く、どこからがドラマで、どこからがドキュメンタリーなのか、撮影していてもわからなくなる。「どこからどこまでが、……なのか?」という禅問答のような偶然と必然の織り合わせは、この本の根幹のテーマで、映像化にはこういった手法がいちばん合っているのかもしれない、と思った。

フィレンツェに遺されている、ルネッサンスの彫刻家デジデリオ・ダ・セッティニャーノの作品も幾つか見に行った。あの、本で見た彫刻が目の前にある、しかも私は本の中の主人公を演じている、つまり、間接的にこの彫刻家は自分と何かしら関係があるのかもしれない……そう思うと、目の前の作品は一層怪しい輝きを帯びるようだった。そういった情報を全て払拭したとしても、デジデリオの作品は素晴らしいものだった。彼の作品の特徴として当時から誰もが口を揃えて言うのが「繊細さ、柔らかさ」だったが、手のなめらかな曲線や、布の繊維までが、触れれば今にも動きそうなくらい精巧なものばかりだった。不幸にも夭逝しなければ、もっともっと作品も多く残っただろうし、名声も今の比ではなかっただろう。

初夏のフィレンツェの日照時間は、日本とは比べ物にならないくらい長かった。なので、朝七時から夜の九時近くまで撮影ができる。湿度は低いものの、気温は毎日三十五度くらいまで上がる。みるみる体力が奪われるなか、私たちの楽しみと言えば本場イタリアンの食事くらいだった。ある日私は、とあるレストランに行こう、と提案した。そこは友人の友人、リノというイタリア人シェフが経営している地元のレストランで、同じく友人の日本人女性も働いているから、フィレンツェに行く機会があれば、是非行ってみてほしい、と言われていたところだった。あらかじめ聞いていた電話番号で連絡を取ってみた。

「そういえば……」

その日本人女性の名前は、ノリコさんと言った。漢字を聞いてみれば、今回の著者及び主人公である「典子」と全く同じだという。関係無いとか、ただの偶然とか言ってしまえばそれでおしまいだけれど、今回のキーワード、シンクロニシティを嫌でも考えてしまう。何かに導かれている感じが、終始私の周りをとりまいていた気がする。

撮影が終わった最終日。飛行機に乗る前、少し散策する時間があったので、地図を片手にフィレンツェの街を散策することにした。一週間近く滞在したが、めいっぱい撮影に費やしたので、一人歩きはこれが初めてだった。フィレンツェの街は、私の大好きなパリの街に似ていて、歩けばすぐにどこにでも行けるような構造になっていた。フィレンツェの伝統製法で作られる文房具の店を目指していたら、道を一本間違えてしまったようだった。すぐに引き返せばよかったのだけれど、せっかくだからもう少し、間違えたまま進んでみることにした。すると、ある小さな看板が目に飛び込んできた。

「ルーカ・デラ・ロッビア」

思わず、その工房の名前を呟いた。

「今でもあるんだ……」

ルーカ・デラ・ロッビア工房は、デジデリオが活躍していた時代、一番の人気を誇っていた彫刻と陶芸の工房で、森下さんの作品の中でも関わりがあり、印象的に出てくる名前だった。ロッビア工房がルネッサンス当時に作った作品は、今でもフィレンツェの至るところで見ることができる。しかし、その製法が、その名前が、今でも引き継がれ店を開いていることは今回のロケでは一切触れられていなかった。ルネッサンス当時のものだけを追っていたのだから、当然なのかもしれない。最後の最後まで、導かれたのだろうか……？　どきどきしながら、扉に手をかける。が、鍵がかかっていて、中には誰もいないようだった。営業時間を見ると十時から。時計は十時半。これがイタリアスタイルなのだ、と思いつつ、諦めきれずその場で五分ほど待った。すると、従業員の女性が娘の手を引いてやってきた。「今開けるね！」と屈託なく笑って鍵を開けてくれた。中に入ると、半地下の狭い店内に、ごちゃごちゃと様々な陶器が置いてあった。大小様々、用途も様々。日常で使う食器もあれば、美術館や教会で見た作品を再現したものもあった。どうせなら、と「ルーカ・デラ・ロッビア」のロゴの入ったサラダボウルをこの旅のきっかけをくれた女性プロデューサーに、一目ぼれした小さな陶器でできた鳥を、本物の森下典子さんに買った。

ホテルに戻る前に、リノのレストランに寄って、最後の昼食をとらせてもらった。日本から持ってきた『デジデリオ』の本を、フィレンツェのレストランの典子さんに託した。典子さんは「私と同じ名前ね！　フィレンツェの本だし、面白そう！　ありがとう」と、喜んで受け取ってくれた。また、この本から、新しい出会いが生まれるかもしれないし、日本に帰ったら、番組が出来上がったら、また何か新しい「必然の偶然」と出会うかもしれない。デジデリオ、あなたは一体、そんなに人を巻き込んで、何を伝えたいのか。あなたのパワーは、計り知れない。

杏さまへ

あの頃、デジデリオを探す旅の中で、私を強く突き動かしていたのは、「自分が心からしたいと望むことをしたい。それに向かって真っすぐ生きたい!」という心の声でした。三十代後半。自分が本当にしたい仕事は何なのか。自分を賭ける仕事がしたい、と悶々と悩んでいる時でした。

たまたま取材で出会った「前世」という濃密なミステリーの香りに私は夢中になり、謎解きの中で生き始めました。そして、この胸躍る謎解きの旅に、読者を一緒に連れて行こうと決心しました。

その『デジデリオ・ラビリンス』を読んでくださった十五歳の少女が、私と一緒に心の旅をし、そして、十年後の今、感性豊かな美しい女優さんになって、ドラマに「私」の役になって主演してくださることを、とても光栄に感じ、感動しています。あの時、私を突き動かした胸のわくわくが、杏さんの中で生きているのを感じます。

『デジデリオ』を書いて十六年がたち、その間、私にもいろいろなことがありました。長いスランプもあったし、「自分はこの仕事でやっていけるのだろうか」と不安にさいなまれて、眠れない夜もたくさんありました。

今回、合津さんの十六年越しの執念と、萩原さんの熱い思いでドラマにしていただけることになり、萩原さん、土井さんと当時の資料をやりとりしている時に、改めてハッと思ったことがあります。「デジデリオ」は、一五世紀の彫刻家や前世の私であるよりも、自分の本当の生き方を探す旅のキーワードだったということ。そして、その旅はあれからもずーっと続いているということです。

あの時、「自分が心からしたいこと」に向かって生きようと誓った私は、五十代半ばになった今、迷ったり悩んだりしながらも、やっぱり「心から書きたい」と思うことだけを書いていて、これからもそうして生きて行きたいと思っています。

振り返って見れば、「意味のないできごと」や「単なる偶然」に見えたことも、すべて今に続く道への「布石」だった気がします。

杏さんの「フィレンツェ・ラビリンス」の旅は、きっと観る人々を心の旅に連れて行ってくれることと確信しています。私もその旅にご一緒させていただくのを、楽しみにしています。

森下典子

出会えなかった出会い

これまで、「ふむふむ」では「出会い」をテーマに、私が今までに出会った人たちとのエピソードを書いてきた。でも、今回は初めて「出会えなかった出会い」を書こうと思う。出会ったけれど、出会えなかった。

作家の黒岩比佐子さんと出会ったのは二〇〇九年の夏だった。きっかけは、「もし、自分が書店を作るなら、どんなこだわりを持つか？」というコンセプトの新聞の書評リレーエッセイで、私が「歴史グルメ書店」と題して彼女の著書『歴史のかげにグルメあり』を取り上げさせてもらったことだった。

新聞掲載日の翌日の日付で、黒岩さんから手紙が届いた。どうやら黒岩さんは以前、テレビのトーク番組で、黒岩さんが読もうと思っていたけれど未読だった『武士の娘』という本を私が〝面白かった！〟と紹介しているのを見かけて、すぐに購入したらしい。

そして、ご自身が歴史もののノンフィクションを書いているから、私に何冊かプレゼントしようとしたけれど、勝手に送りつけても失礼だろうと思い、送るのをやめたところに、私の新聞エッセイが掲載されたのを見て、驚いて手紙を書いたのだという。当時私が出演していた大河ドラマ「天地人」も見てくれているという。とても綺麗な字で、美しい便せんにしたためられていた。手紙と一緒に黒岩さんの書いた本が添えられていた。幕末から明治にかけてのノンフィクションが中心で、どれをとっても興味ある題材だった。

手紙の末尾にはメールのアドレスも書いてあったけれど、私は同じく手書きの手紙で返事をした。黒岩さんの手紙を読むと、どちらが先に相手のことを知ったのか、もはやわからなかった。でも、どちらともなくお互いが相手を意識して、そして繋がったというのがとても嬉しかった。それから黒岩さんと私の文通が始まった。私も手紙にメールのアドレスを書いたけれど、どちらも使うことはなかった。

その後、少し寒くなりかけたころ、貰った手紙の最後に、こんなことが書いてあった。

「見つかった癌が、ステージ4まで到達していました。途方に暮れています」

ステージが4ということは、かなり病状が進んでいる。黒岩さんの書く字はやはり綺麗で、だからこそ恐ろしくなった。そんな絶望を味わったことのない私は、何と返事をしたら良いのかわからなかった。どう言葉をかけるべきか、もしくは言葉をかけてよいのかすらわからない。結局、しばらくの間返事ができなかった。

年が明けて二月になった。秋に出演する舞台「ファントム」のチケットの先々行予約が関係者のみで始まった。「そうだ、これなら……！」私は久しぶりに筆をとった。私にできることは、これしかない。「黒岩さん、秋に初舞台を踏むので、是非いらしてください。それまでに良くなって、観に来てください」頑張って、なんても言えない。頑張ろうとしても、自分の意志でどうにもならないことがあるのが病気でもあるのだから。関係無いけれど、私が「頑張ります」と言うことにした。そう言うのがその時の私の精いっぱいだった。

ほどなくして黒岩さんから返事が来た。とても喜んでくれていた。その日を目標にして頑張る。新たな治療法が功を奏し、前回手紙を送った時より体調もずっと良いのだと書いてあった。

夏が過ぎ、秋になった。舞台の稽古も終盤に差し掛かった頃、パソコンのメール受信ボックスに、見慣れないアドレスからメールが届いていた。

件名は「お知らせ」、黒岩さんからだった。

「初メールがこんなお知らせになってしまうなんて」と始まり、病状が急に悪化して入院することになった、とあった。九月の段階では今よりずっと元気で、十一月には

地方講演の仕事も入れていて、それと私の舞台を観ることを、心の支えにしていたのに、と嘆いていた。健康じゃなくなったとき、何より辛いのは思い通りにならない自分だ、と思う。その心の落胆に、私は何をできるだろうか。観に来られない黒岩さんに、その代わりに、私から贈れるもの。私はそのとき制作中だった歌のデモテープを、黒岩さんに送ることにした。これなら、病室でも聴ける。「手前味噌ながら、ちょっと元気がでるかもしれません！」とメールしたら、「ぜひ、送ってください！」と返事が来た。もうこののち、入院したら病室でメールはできないという。私は急いで、黒岩さんの自宅にCDを送った。

二〇一〇年十一月二日、ミュージカル「ファントム」の幕が開いた。

十一月十日、黒岩さんが来られなかった舞台には、代わりに彼女の友人が来た。終演後、楽屋に来てくれた友人の方は、「これから彼女の病院に行くんです。舞台がどんなだったか、報告しに」と言っていたので、私は完成したアルバムCDと、舞台公演の引き出物にとイラストを描いて制作した手ぬぐいを預けて、渡してもらうことにした。

「いつも、彼女から杏ちゃんの話は聞いていました。お手紙をとっても喜んでいて、今までに貰った手紙をファイルにまとめて、見返しているんですよ。これ、彼女から」と手渡された一冊の写真集は、彼女がルポルタージュを書いた写真家のものだった。開くと、黒岩さんからのメッセージがメモにしたためてあった。「ささやかなプレゼントです。舞台の上で輝いている杏さんの姿を想像しています」とあった。いつもの綺麗な字だった。便せんではなく一筆せんだったけれど、これも素敵な柄だった。ふと、きっと黒岩さんは、たくさんすてきなレターセットや便せんを持っているんだろうなぁ、と思った。結局そのメモが、黒岩さんから貰った最後の手紙となってしまった。

一週間後。劇場に向かう前に新聞を眺めていたら、訃報欄に目が吸い寄せられた。そこには黒岩さんの名前があった。「えっ!」と声をあげたまま、しばらく動くことができなかった。活字は無情だ。でも、彼女と直接やりとりする他に連絡手段を持たなかった私は、新聞で訃報を知ることができた。そこに目が吸い寄せられたように感じたのは、「見て」というメッセージがあったのかもしれない。

その日の公演は、自分の中で弔い合戦とすることにした。もちろん、お芝居に変わりはないけれど、黒岩さんに捧げよう、と思った。もしかしたら、観に来ているかもしれない、と漠然と思っていた。そうして幕が開けた。客席は真っ暗で、こちらからは全く見えない。だから、視線を向けることがあっても、客席をしっかりと見つめることはないのだけれど、目線を前にやると、視界に人の姿があった。一人だけ、人の輪郭が、真っ暗な客席の後ろの方にぼんやり見えたのだ。気のせいかもしれない。けれど、それで「ああ、やっぱり今日、黒岩さんは約束通り来てるんだ」と確信した。お芝居の中では、どんどん人が死んでいき、私は、死ぬってことは一体なんなんだろう、と考えた。顔を合わせたことも、声すらも交わしたことのない黒岩さんが消えた。綺麗な字の綺麗なメモと手紙を残して、新聞の活字の中に消えていった。私たちはついに出会えなかった。

私たちは普通の友情関係としてはあまりにも距離があった。流れるような綺麗な字のメモも、どんなに苦しんで書いたかも知れない。それは私には全く想像が出来ない。一度も会ったことが無い。交わした手紙の数も決して多くない。そして黒岩さんとはもう、二度と会えない。それでも、私たちには友情があった。

劇が終わり、楽屋に戻って扮装を解いていた。すると、普段楽屋には現れない演出家のスズカツさんがやって来た。興奮しているようすで、「今日は、今までにやろうとしていたこと、やってほしいと思っていたこと、全部クリアできたと思う。明日から、また違うステップのことをやっていこう」と言ってくれた。それを聞いた途端、涙がボロボロ出てきた。

きっと、この日は黒岩さんがそっと背中を押してくれたんだろう。

出会えなかった出会いに感謝して。

黒岩さん、ゆっくりおやすみください。

おまけ　柴犬ヤマト

ハリーが星になって五年が経とうとしていた。一人暮らしも始めて八年になる。「また、犬と暮らしたい！」との想いが強くなった私は、決心した。二〇一一年の大晦日。「やっぱり、自分から行かなければ出会えない！」ついにペットショップに行ってみることにした。

都内某所。そう広くない店内の奥のゲージに、柴犬がいた。

「おおー？　柴犬だぁ」

と覗き込んだら、柴犬はワン！とひとつ吠えた。

「うわっ、この子は吠えるのか！」

以前飼っていたラブラドールのハリーは、生涯で二度しか吠えなかった。撮影現場にも連れていけるほど静かだった。それを基準にしてしまうのも違うと思うけれど、犬に

は吠えられ慣れていない。出来れば吠えない犬を探していた。

「吠えるのは、やっぱり無理だなぁ」

　そう思ったけれど、何だか気になる。店員さんに頼んで、抱っこさせてもらった。九月生まれなので、もう生後四カ月にさしかかろうとしていた。いわゆる子犬然としたコロコロ丸い風情は無く、子狐のような顔をしている。足は太く、既にずっしりと重かったが、毛並みがふわふわなのに驚いた。いつまでも触っていたいような柔らかさがある。柴犬は、静かに抱かれていた。

「ふむ……」

　悩んだが、「この子じゃなきゃだめっ!」というようなビビビとくる電撃は無かったので、柴犬に別れを告げ、ひとまず店を出て、もう一軒別のペットショップにも行ってみた。そこには沢山の犬が居たが、頭に浮かんでくるのは先ほどの柴犬のことばかり。悩みながら、街をぶらぶら歩いた。フカフカ柴犬は、ビビビとした電撃こそ与えなかったものの、すでに私の心にしっかりと腰を据えて座っていたようだ。

「もう一度、会いに行こう」

　ペットショップへ戻る道中、ふと「ヤマト」という名前が浮かんできた。あいつはきっとヤマトだろう。心の中で「ヤマト、ヤマト」と呼びかけてみた。

　再び店に戻り柴犬の顔を見た瞬間、ああ、やっぱりヤマトだ、と確信した。

「おーい、一緒に帰ろう」

そう言うと、ヤマトになる柴犬はキョト、と首をかしげた。

和紙で作られた血統書には広島で生まれた、と書いてあった。柴犬は天然記念物らしい。広島で生まれた、と言えば……呉市の戦艦大和。それに、私の大好きな新選組の局長、近藤勇の改名も大久保大和だった。うんうん、ヤマトというのはなんとピッタリな名前なのだろう。

すでに大きくて子犬用の箱には入らなかったので、タオルにくるんで抱えて帰ることにした。タオルの中から顔だけ出したヤマトは、目をくるくるさせ、めまぐるしく変わる景色を不思議そうに見つめていた。

「さぁ、ここが今日からヤマトの家だよ」

サークルを組み立てて、中に入れてあげた。依然キョトンとしている。意外とおとなしいのかもしれないと、ほっと一安心した。

柴犬ヤマトとの生活が始まった。帰宅時や宅配便が来た時など、人が来た時に少し吠える程度で、あとは吠えない犬だった（それもゆくゆくは直してもらいたいのだけれど）。ある日宅配便が来たとき、やはり吠えて玄関に走ってきたヤマトを見て、宅配便のお兄さんは「まだ子犬なんですねぇ、可愛いですねぇ」と言ってくれたが、私が「こらっ！　ヤマト‼」と言うと目をまん丸くしていた。ヤマト。宅配便の社名であった。言った瞬間に気付き、しまった！　と思い「この犬ヤマトって言うんです、すいません」と謝ったら、お兄さんは笑っていた。

ヤマトはすぐにお座り、お手を覚えてくれたが、なかなか演技派の犬だった。嫌なことがあれば、大げさに「キャイーン」と鳴いてみせる。口や足先を触られるのに慣れるよう、子犬の頃から色々なところを触ってください、と言われたのでそうしたが、足に触れる前にすでに「キャーン」なので嘘だとばれる。ひるんで止めたら「しめしめ、嫌がれば止めてもらえるのだ」と思ってしまうので、構わず触る。甘噛みされて「痛い！　こらっ！」と捕まえようとすれば、触れてもいないのに転げて「キャンキャーン」。勢いよくソファから飛び降りて床にぶつかれば、本当に痛いなら触られたくないはずの前足を「見て、痛いのぉお」と言わんばかりに差し出してくることもあった。「もともと柴犬はそういったアピールが強いです」と説明されていたものの、あまりの演技っぷりに思わず笑ってしまった。

家に来て一カ月ほどは、一緒に寝た。フカフカと温かく、私にピッタリと寄り添って寝てくれるヤマトは何よりの癒しだった。しかしヤマトは私が寝ると、黙って自分のサークルに戻る。生後五カ月の子犬に寝かしつけられる、私は二十五歳だ。

ヤマトの体重はあっというまに八キロを超え、片手では持ち上げられなくなり、歯も立派に生え替わった。身体の大きさに比例して、体力、スピードも格段に増し、悪戯のレベルも上がった。サークルを何度も抜け出すので、改良を重ねる私との知恵比べの日々が続いた。

こんなことがあった。先日私が撮影をしていると、マンションの管理会社から電話連絡が入った。「お宅の防犯ブザーが鳴っているようなんですよ、入っても良いですか?」私はハッとした。家にはヤマトが留守番している。もし泥棒が入っていて「うるさい犬め、邪魔だ!」とヤマトを一蹴したら。いつもの「キャイーン」の演技は、本物の悲鳴となってこだましているに違いない。

「すいません、お願いします」

撮影中は電話をとれないので、ハラハラとしながら連絡を待った。しばらくして再び電話が鳴った。慌てて通話ボタンを押す。

「あのー、ワンちゃんがですね、サークルから出て空間センサーに引っかかったようなので。戻しておきましたよ……」

ガックリと膝が折れた。犯人は、脱獄犯は、ヤマトだったのだ。その後帰宅し荒れ

た部屋を見て、膝どころか頭まで床にめりこむ思いだった。部屋荒らしの主犯はヤマトではなく、そういえば私だった。忙しさにかまけて、物を散らかしてはいけない。いつ誰が入ってきても良いようにしようと誓った。……今度の休みだ。

犬はだいたい六カ月頃から、反抗期らしい。あえて私の反応を試すような悪戯も増えた。家具は元々全く噛まないのは良いのだけれど、まだまだ落ち着きが無いのに変わりはない。一緒に寝ようとしてもベッドには入らなくなった。

とにかく体力と悪戯が無限のわんぱく小学生男子のようなヤマトだが、なるほど男の子っぽく甘えん坊なところもある。机に向かって原稿を書いていると、足元にそっと寄り添ってきたり、テレビを見ているとごつんと頭をぶつけてくる。おもちゃで一人遊びをするにも、わざと私にぶつかりながら遊ぶ。

撮影現場で会ったドッグトレーナーの方は「柴犬とラブラドールの個性は全く違いますから、以前のラブちゃんは思い出にしてしまってくださいね」と言っていた。大型の洋犬とは性格も習性も全く違う。雑誌の犬特集で見たら犬種ごとのＤＮＡは大きく違い、柴犬はオオカミ成分がかなり多いのだそうだ。だから「なんでわかってくれないのだろう！」と思ってはそもそもいけないのだ。まっさらなお付き合いをしていこう。

ヤマトよ、君が来て日常は騒がしくなり、また楽しくなりました。私の元に来てくれてありがとう。そしてヤマトよ、おもちゃ以外は嚙んじゃ駄目です。玄関からわざわざ靴を部屋の真ん中に一つ一つ運ぶのも駄目です。スリッパも靴下も同様。悪戯のもとになるような物を、君にとっては魅力的に置いてしまう私もいけないと思いますが、仲良くやっていこう。これからもよろしくね。

本書に出てきた本の追加情報（数字はページ数）

『どろんこハリー』（ジーン・ジオン著、マーガレット・ブロイ・グレアム絵、わたなべしげお翻訳、福音館書店） 21
『風光る』（渡辺多恵子、小学館） 28-35
『風光る京都』（Q-DESIGN 編集、渡辺多恵子画、小学館） 30, 34
『警官の血』（佐々木譲、新潮文庫） 37
『こちら葛飾区亀有公園前派出所』（秋本治作、集英社ジャンプコミックス） 38
『天璋院篤姫』（宮尾登美子、講談社文庫） 98
『魔の山』（トーマス・マン、高橋義孝訳、新潮文庫） 98
『図書館戦争　図書館戦争シリーズ１』（有川浩、角川文庫） 102
『100万回生きたねこ』（佐野洋子作・絵、講談社） 102
『巨人の星』『新・巨人の星』（梶原一騎原作、川崎のぼる作画、講談社漫画文庫） 112, 161
『文・堺雅人』（堺雅人、文春文庫） 122
『ぼく、牧水！――歌人に学ぶ「まろび」の美学』（伊藤一彦＋堺雅人、角川 one テーマ21） 122
『野球狂の詩』（水島新司、講談社漫画文庫） 162
『仏果を得ず』（三浦しをん、双葉文庫） 184
『信長の棺』（加藤廣、文春文庫） 190, 193-195
『意外と知らない！　こんなにすごい「日本の城」』（三浦正幸監修、実業之日本社） 193
『デジデリオ』（森下典子、集英社文庫） 211-219
『前世への冒険』（森下典子、光文社知恵の森文庫） 211-219
『深夜特急』（沢木耕太郎、新潮文庫） 213
『歴史のかげにグルメあり』（黒岩比佐子、文春新書） 220
『武士の娘』（杉本鉞子著、大岩美代訳、ちくま文庫） 220

カメナシ君　→　亀梨和也（歌手、俳優） 157
ジャニーズKAT-TUNのメンバー。妖怪人間の中ではアクション担当。杖での殺陣やワイヤーアクションはお手の物。「テープを早送りしたときの音声」の真似が上手。

フクちゃん　→　鈴木福（俳優） 157
大人顔負け、驚きの演技力と体力。いつでもニコニコ元気だけど「普通の男の子」の部分も沢山あるところがとっても可愛い。ラジオ番組のゲストに来てくれたときも、フリートークを7歳ながら完璧にこなしてくれた。誕生日には「おめでとう！」と格好良くメールをくれたりもする。

本書に出てきた人物の追加情報（数字はページ数）

てつこさん　→　黒柳徹子（女優）　111-118

てつこさんの活動はテレビ史そのもの。長寿番組「徹子の部屋」の司会や『窓際のトットちゃん』（講談社）の著者でもあり、ユニセフの活動もされている。とても元気で健啖家！　柴犬ヤマトが仔犬の頃「連れてらっしゃいな！」と言われて、一緒に「徹子の部屋」に出演した。ヤマトは大人しく徹子さんに抱かれていた。

サカイ教授　→　堺雅人（俳優）　119-125

いつでもにっこり、たまに毒あり。超絶技巧の演技。長い台詞でもスラスラと言うテクニックを、いつか教えてもらいたい。プライベートでは歴史を語るカオスな会で集まることも。

スズカツさん　→　鈴木勝秀（演出家）　136-143

寡黙で、一見ちょっと怖そうに見えるけれど、とっても優しい方。普段はストレートプレイで、ミュージカルは「ファントム」が初めてとのことで、従来のミュージカルっぽくない作り方をした、と仰っていました。

オオサワさん　→　大沢たかお（俳優）　137

ストイックに演技をつきつめていく反面、食べ物もストイックに焼き肉とスッポンが大好き。風邪を引きそうになったときはスッポンスープを瓶に入れて稽古場に持って来てくれた。付き人の方は、深夜の焼き肉に付き合い続けて、大分ふくよかになったとのこと。

カリヤマさん　→　狩山俊輔（演出家）　155

ドラマ「サムライハイスクール」でもご一緒させていただいた方。あだ名は「カーリー」。助監督時代にはエキストラに個性的な芝居をつけすぎて「狩山劇団」と呼ばれていたとかいないとか。

カワノさん　→　河野英裕（プロデューサー）　155

アメカジに身を包み、カーリーヘアに眼鏡が特徴。個性的な見た目だけど、「挑戦しつづけたい」と語る目の奥は熱血系。

あとがき

この本は、私にとって初めての著書となる。

普段は本を読んで、ただ楽しんでいたけれど、一冊の本を作るのにどれだけの労力がかかるのか、考えたことも無かった。推敲。装丁。レイアウト。たくさんの方々が、この「ふむふむ」書籍化にお力を貸してくださった。私の文章はまだまだだけれど、それでも一冊の本、という形になったのはとても嬉しい。

「杏のふむふむ」は今まで私が経験した「出会い」について書かせていただいた。毎月原稿用紙十枚近くの分量を、果たして「出会い」というテーマだけで書ききれるのだろうか？　と連載当初は不安もあった。しかし、こうして「出会い」について考えて、読者の方々に読んでいただけるように形にしていくことで、その出会いは一層輝きを増したように感じる。何よりこうして二十六篇ずらりと並ぶと、今まで自分がどれだけ「出会い」に恵まれてきたかがわかる。

『Ｗｅｂちくま』では、二〇〇九年～二〇一一年にわたって連載させていただいた。この三年間は私にとって、大きな変化が訪れた時期だった。とくに女優業。連続ドラマに初出演し、それから本格的にドラマや映画に出演させていただくことになったのが二〇〇九年。一年間の活動を認めていただき、念願の「エランドール新人賞」をいただいたのが二〇一二年。過去を振り返って書いたエピソードもあるけれど、大半はこの三年間の出会いだ。

この三年……なんだか忙しかった！　我ながら頑張ったなぁ、と思う。これからもっと忙しくて大変な時期が訪れると思うけれど、とりあえず、沢山経験出来て良かった‼と思う。そんな濃密な三年を丸ごと、文章にして表現する場を与えていただき、これまた私は「そんな場との出会い」にも恵まれているのだと思う。

本篇に書かせていただいた皆さま。登場していただき、ありがとうございました。本篇に書ききれなかった「出会い」も、もちろん沢山ある。そんな全ての出会いが、今私を支えてくれている。ありがとうございます。

そして今、こうして本を手にしてくださっているあなたとの出会い。

心から御礼申し上げます。

二〇一二年春　　杏

後日談　ベラの授業

「拝啓、ベラ様」がウェブに掲載されたのは、二〇一一年冬、ドラマ「妖怪人間ベム」が終わったばかりの時期だった。実はその頃には続編として映画化されることがほぼ決定していたが、まだそのことはエッセイに書けなかった。「そんなすてきなお話、あれば良いのですが」なんて締めくくりつつ、実はすてきな話はあったのだ。このように、あえて予定は決まっているけれど公には言えない、なんてことが往々にしてあるのだ。あえて黙っている訳ではないので、ご容赦願いたい。そして翌年の二〇一二年、「映画 妖怪人間ベム」は、夏に撮影され、その冬に公開された。映画の製作ペース、それもＣＧを多用した作品としては異例な速さだと思う。

同時期、母校の小学校から授業の依頼があった。

題して「ようこそ先輩」。様々な職業についた卒業生たちが、将来を夢見る小学生たちに授業をするのだ。パティシエ、医者、弁護士、IT関連……。「先輩」たちの職業は様々である。そのラインナップに私が「女優」として加えていただくことになったのだ。授業の内容についてはお任せ、と言われた。

私が子どもたちに教えられることは一体なんだろう。真面目なことを真面目に言ったところで、現代の達観した子どもたちは「へえー」で終わってしまうだろう。子どもたちにはまず、楽しんでもらわないと！　特に私の職業としては、エンターテインメントを通して伝わるものでなくてはならない。

授業は二学期の終わり、冬休みの前。「映画　妖怪人間ベム」の公開直前だった。手前味噌ではあるが、当時、「妖怪人間ベム」の小中学生からの支持は凄いものがあった。かなり贔屓目に見れば、ドラマ自体を観ていなくても、大体の子供は「妖怪人間」や「ベラ」というキーワードを知っていてくれたんじゃないかと思う。

私の思いついたことはただ一つ。ベラとして授業をすることだ。

ベラになるには、衣装やメイクの協力もなくてはならない。映画の制作スタッフ陣に相談したら、快く引き受けてくださった。

さて、ベラならどんなことを教えるだろう。私はパソコンに向かい、「ベラの授業」の台本を作りはじめた。

悠久の時をさまよっている妖怪人間が、限りある時間を歩む「人間」に伝えたいこと。どんな仕事をして、どんな大人になったとしても共通に覚えていてほしいこと。自分でも驚くほどスラスラと言葉が出てきた。「エンドウマメ先生」の項でこの母校のことに触れているが、六年間、三六五日毎日欠かさず日記を書かせる校風だ。生徒たちが現在進行形で取り組んでいる日記の習慣も踏まえて「今という時間を、少し考えてみて過ごすこと」について書いてみた。映画の公開日もギャグのように繰り返しているが、そこはご愛嬌である。折角なので、ここにベラの授業の台本を記しておこうと思う。

*　　*　　*

皆、アタシのことを知ってるかい？

アタシはベラっていう、どこにでもいるただの妖怪人間さ。

知らない子もいるみたいだねぇ。

しょうがない、サクッと教えてやろうかね。

その昔、暗い、音のない世界で、一つの細胞が分かれて増えて、三つの生き物が生まれたんだ。その三つの生き物の一つがアタシ。

あとはベム、ベロっていう男どもさ。
アタシらは三人でずっと旅をしてきた。
何故かって……？
アタシらは年を取らなければ、死にもしないんだ。
うらやましいと思うかい？
ただね、アタシらは、感情が昂るとバケモノの姿に変身しちまうんだ。
ああ、今日は変身しないから、安心おしよ。
アタシらは困っている人間を見ると、放っておけないんだ。
せっかく助けてやっても、あの醜いバケモノの姿のせいで、怖がられるし嫌われる
……たまったもんじゃないさ。
ただね……アタシらはずっと人間になりたいんだ。
人間ってのは面倒な生き物でねぇ。縛られてばっかりだろう？　社会の規則だとか、
学校の決まりだとか、家族のこと、友達のこと……。
厄介なことばっかりなはずなのに、アンタら人間はよく泣いてよく怒って、仕舞いに
は笑うんだ。
おかしいとは思わないかい？　でもね、アタシらはそんな人間が大好きなんだ。

今日はアンタらが将来について考えたいっていうから、アタシはここへ呼ばれてきたんだ。

え？ どうせ映画の宣伝だろって？ 何言ってんだい！ そんなわけないだろう。十二月十五日から全国ロードショーするから、皆にも見てもらいたいとか、そういった事は確かに伝えたいけどねぇ、一番はアンタらの未来を一緒に考えるためなんだ。十二月十五日の公開はさておき！ 十二月十五日だよ、いいかい皆。

……それでどうだい、なんかなりたいもの、見つかったかい？

手、挙げてごらん。

……見つかっていない子もいるねぇ。

いいのさ、今はそれで。

でも、ずっとそのままじゃあいけないのさ。

アタシらは見てきた。人間があっというまに年を取るのを。

そんなことない、とアンタら子供は言うかもしれないねぇ。

周りの大人に聞いてごらんよ。

「あなたは、気付いたら今のあなたですか？」って。

答えは、どんな年齢でも、変わらないと思うねぇ。

だってそうだろ？　アンタらだって気付いたら今の年齢なんだ。

そして気付いたら二十歳、気付いたら五十歳……。


時間は誰にでも平等さ。


そんなアンタらが、近い未来に何かを見つけるにはどうしたらいいか。

見つけようったって簡単に見つけられるものでもないんだ。

でもね、そんな今を今のままにせず、ちょっとだけ面白いものに変えるおまじないってのを、教えてやろうかね。


「〝これで良い〟より、〝これが良い〟」


違いがわかるかい？

いいかい、アンタらは選べるんだ。

お金なんて使わなくたってできるんだよ。

試しに、毎日毎日、選ぼうと思って周りを見てごらんよ。

階段をどっちの足から上ろうか？　給食のおかず、どれから食べてやろうか。

そんなことでも構わないのさ。

どの本を読もうかとか、アイスを食べるとき、バニラにしようか、チョコにしようか、考えるだけでもいいんだ。

大切なのは、選ぶときに「これで良い」じゃなくて「これが良い」って思うことさ。

「これが良い」って選んだことは、後でしくじったって、そのときの自分がそう思ったんだから、しょうがないさ、ってまた前に進めるんだよ。

「これで良い」って選んだことは、下手すると何かのせいにしちまうんだ。

誰かや何かのせいになんてしたくないだろう?

少なくともアタシャしたくないねぇ。


それからもう一つ。これがあればもっと格好いいねぇ。

「なんで〝これが良い〟って思ったか」その理由を考えるのさ。

手始めに、何かがならんでいたら「その中で何が一番好きか」を考えてごらん。そして「どんなところが好きか」も考えてごらん。

電車やバスの広告でも、教科書の写真でも、漫画のページでもいいのさ。

アンタらはまず「選ぼう」って遊びをしてみたらいい。

きっと色々な発見があるはずさ。

ちっちゃな選択が出来るやつってのは、いざってときの大きな選択だって、きっと出来るのさ。

そうだ、アンタらの学校ではそういった毎日の発見を、日記に書いてんだろ？

こりゃあ良いじゃないかい。

映画妖怪人間ベムにも、小学生の子供が書いた日記が登場するんだよ。

あくまで余談だけどね。十二月十五日公開なんだけどね、そこにも注目してみてもらいたいねえ。

日記を書くの、面倒だなんて思う日もあるだろう。

でも、アンタらが過ごしている一日が、大人になったらかけがえのない一日になるみたいなんだよ。

面白いことでねぇ、子供の頃過ごした時間ってのは、大人になったらビックリするくらい忘れちまうらしいんだ。

楽しいとか、面白いって思ったこととか、日記に書いてなければ、それはどこかに忘れ去られちまうかもしれない。無かったことと同じになっちまうかもしれない。ちょっと怖いねぇ。

だから、残しておきたいって思ったことは、何だって書いておくと良いさ。

きっと後で見返す、そりゃあ素晴らしい財産になるんじゃないのかい。

ああ、それから、今日アタシに会ったってこと、気が向いたら書いておいてくれないかい。

誰かの記憶に残る事、それがアタシらの一番の宝物なのさ。

ベラからの授業はここまでだよ。今日はどうも、アリガトね。

*　*　*

ベラの扮装で登場したところ、子供たちはワッ！　と歓声をあげて迎えてくれた。一体妖怪人間が何を話しだすのか、興味津々で、身を乗り出すように聞いてくれた。

素が出ないように、ベラになりきるのだ！　と内心言い聞かせてマイクを握りしめた。

挙手を求めたら驚く程素直に手を挙げてくれたり、笑ったりもしてくれた。

なんとかベラの授業は終わった。

拍手の中、私は子どもたちに、ベラっぽくニヒルに会釈した。瞬間、固まった。その目線の先には、マイクを片手にゆっくりとこちらに近づいてくる、かつての担任、エンドウマメ先生の姿があった。

授業は二部構成にされており、私はベラの格好で壇上に上がったまま、エンドウマメ先生とのトークセッションになだれ込んだのだ。

私の幼少期を知る先生達も、共に育ち、母校で教職についた同級生も、子供たちの後ろの方でベラの授業を見ていた。それだけで内心心臓がばくばくしていたのに、プライベートトークをエンドウマメ先生とするのだ。

恥ずかしい、と一瞬でも感じてしまったところで、キャラ崩壊である。

おまけに「杏さんはですね、遠足のときにですねぇ、ピクニックシートをマントのように羽織って、〝仮面ライダァー！〟と叫びながら原っぱの斜面を駆け下りていたんですよ」とちょっと謎なエピソードまで暴露されてしまった。恥ずかしすぎる。さっきまで威勢良く声色を作ってベラになりきっていたが、この時には「あっ、ハイ……」と、すっかり「杏」になってしまっていた。

素のトークショーではどんなことを話したか、あまり覚えてはいないけれど、子どもたちも何となく流れで「ふむふむ」と聞いてくれたような気がした。

文庫版あとがき

『ふむふむ』が文庫化されることになった。

連載当時、過去の思い出、その時々していた仕事について書いたものだったが、更に時が進んだ今となっては、全てが思い出だ。思い返せば濃い日々だったし、それを一篇ずつエッセイにまとめるという作業は、自分にとっても大変貴重な機会だったと思う。

エッセイが単行本という形になってから、このあとがきを書いている現在までは、二年ほど時が経とうとしている。あれから色々な役も演じたし、柴犬ヤマトもすっかり大きくなった。公私ともにたくさんの「ふむふむ」と感じたこと、経験したこと、出会いがあった。いつか、そんな事もまとめられたら良いな、と思うが、それはまた別の機会にするとして、せっかくだからこの本篇の中の後日談を書いた。ベラとエンドウマメ先生。『ふむふむ』の中の点と点が、よく繋がったものである。

エッセイは、一つの物語だと思う。実際に経験したことを誰もが分かりやすい起承転結のある物語として書こうとした際に、客観性を大事にしたくて、登場人物の名前は基本的にカタカナで表記させていただいた。勿論、全て実在の人物だが、この本の中においては「杏のフィルター」のようなものを通して、一篇を見ていただきたかったのだ。とはいえ文庫化するにあたり、登場人物表を作ってみた。文の中に本のタイトルがちょくちょく出てくるので、それも表にしてみた。色々な意味で文庫化にあたり、まとめる作業をしてみたのだ。一冊エッセイを出しただけで何と大げさな、と言われるかもしれないけれど、これで「杏のふむふむ」は一つの終着点にたどり着いたのかと思う。

そしてその締めくくりは、村上春樹さんが書いてくださった。「駄目元で、お願いします！」とお手紙をしたためたところ、快く引き受けてくださった。これ！といった御礼はできないかもしれないけれど、一度、グローブとボールを持って〝ハルキさん〟と原っぱに行けたら、と思う。

二〇一四年十一月　　　　杏

解説　ふむふむ感

村上春樹

このあいだ青山通りで信号待ちをしていたら、となりで小学校三年生くらいの男の子二人が話をしていた。

一人「なあ、おまえ、知ってるか？　いくさのときに徳川家康の乗っていた馬が、矢にあたって倒れて、死にかけてたんだけど、家康はずっと馬が死ぬまでそばに付き添ってやってたんだって」

もう一人「へ？　付き添ってなにしてたんだよ？」

一人「だから馬を励ましていたんだよ。がんばれよとか、死ぬなよとか、よくやったぞとか、声をかけてさ」

もう一人「馬が死ぬまで？」

一人「そうだよ。死ぬまでずっと」

もう一人「で、そのあいだいくさはどうなってたんだよ？」

一人「だからさ、それはつまり……」

というところで信号が青になって、人々は歩き出し、その話の続きを聞くことができないまま終わってしまった。とても残念だった。家康が死にかけた馬を励ましているあいだ、いくさはいったいどうなっていたのだろう？

で、そのときにふと、「ああ、そうか、こういうのがふむふむということなんだな」と思った。好奇心に駆られて、ついつい熱心に耳を澄ませてしまうこと。

杏さんの『杏のふむふむ』はなかなか良いタイトルだと思う。杏さんが（おそらく）健全な好奇心に駆られて。すごく真剣な面持ちで誰かの話に「ふむふむ」と耳を澄ませている情景が、このタイトルを見ただけでありありと想像できてしまう。誰がつけたのかは知らないけれど、本の内容にもぴったり合った、とても素敵な書名だ。

たまたま共通の知人がいることもあって、僕は杏さんとはこれまで何度も、あちこちで顔を合わせている。僕は野球中継を別にしてまずテレビを見ないし（いろいろと忙しいので）、もちろんモデルの世界のことなんか何ひとつ知らないので、杏さんがどういう人なのか、最初のうちまったく知識を持たなかった。なんだかいつも楽しそうににこにこして、あまりしゃべらない女の子だなと思っていた。決して無口というのでもなさそうだが、あるいはそのときはしゃべるよりも、耳を澄ませることに忙しかったのかもしれない。僕も人の話を聞くのは好きなので、その「ふむふむ」感はなんとなく理解できる。

それほど頻繁に会ったわけではないので、こういう風に人前で言い切ってしまうのは正しくないのかもしれないけど、僕の思ったところを正直に言わせてもらうと、杏さんはだいたい「ごく普通の女の子」に見える。有名なモデルとか、女優とか、そういう雰囲気は——少なくとも僕と会っているときは——ほとんどない。だから僕もなんとなく普通の（そのへんの）女の子として接してしまうことになる。すみません。

僕はこれまで、女優みたいな人と何人か会ったことはあるけど、だいたいみんな多かれ少なかれ、身体からオーラのようなものを出している。きらきらと出す人もいれば、じわじわと出す人もいる。きっとそういったものがなければ、女優なんていう職業はつとまらないのだろう。でも杏さんにはそういうところがあまり（というか、まるで）見受けられない。あるいは身体のどこかにオーラ・スイッチみたいなものがあって、それを場合によってちょいちょいと点けたり消したりできるのかもしれない。職業的にそれらしく振る舞わなくてはならないときには、ちゃんとスイッチを入れましょう、みたいな。もしそうだとしたら、それはなかなか素敵なことじゃないかと僕は思う。そんなことができる人って、たぶんそんなにたくさんはいないから。

何年か前に一度、パリの真ん中でたまたま顔を合わせたことがあって、「あれ、どうしたの?」と尋ねたら、「イタリアでモデルの仕事があって、それがちょっと前に終わったんで、バックパックで一人でパリまでのんびり旅行してきたんです」ということだった。普通だったら、「女の子が一人で外国を旅行するのは大変じゃないの? 大丈夫だった?」とか尋ねたりするところなんだろうけど、この人の場合、「ああ、それはよかったね」みたいなあたりで話がすんなり収まってしまう。この人のまわりにはいつも、そういう自然な雰囲気が漂っている。「自然児」というとなんだか狼少女みたいだけど、「自然娘」とでもいうか。

この本を読むまで、僕は杏さんが子供時代、リトルリーグで本格的に野球をやっていたということを知らなかった。僕は実をいうと、このあいだ新しいグローブを買ったばかりだ。僕はヤクルト・スワローズのファンで、よく神宮球場に足を運ぶのだけど、なんとかファールボールやホームランをキャッチしたいと思って、いつもこのグローブを持参する。しかし最近はキャッチボールをしてくれる相手が見つからないので(みんな忙しい)、なかなかグローブが手に馴染んでくれない。テレビで野球中継を見ながら、一人淋しくグローブにオイルをすり込んでいるんだけど、実際に生きたボールを受けていないグローブというのは、やはり孤独だ。この前キャッチボールをしたのって、いつのことだっけ? うーん、思い出せない。グローブが泣いている。

そんなわけで僕は本書の「投球ズバーンさん」の章をけっこう興味深く読んだ。そうだよな、キャッチボールってやっぱりいいよな、とか思いながら。

杏さんによれば、「子供の頃バントに失敗して、おかげで今でも小指が曲がったままです」ということだ。そういうのを聞くと、すごいなあと思う。ご本人には気の毒だけど、なんとなくかっこいいですね。僕も子供時代にサッカーをしていて、ヘディングしたときに相手の前歯が鼻にあたって、まだその跡がついていて、男同士でそういう「傷自慢」をしたりするけど、何せ杏さんは女の子だものね。おまけにモデルだものね。

一度どこかの広いのっぱらで、よく晴れた午後に、杏さんと二人でキャッチボールができたらいいなあと思う。そのへんのごく普通の女の子と、そのへんのごく普通のおじさんとして。「ふむふむ」とボールを受け取りながら。

（むらかみ・はるき　作家）

ちくま文庫

杏のふむふむ

二〇一五年一月十日　第一刷発行

著　者　杏（あん）

発行者　熊沢敏之

発行所　株式会社　筑摩書房
東京都台東区蔵前二―五―三　〒一一一―八七五五
振替〇〇一六〇―八―四一二三

装幀者　安野光雅

印刷所　三松堂印刷株式会社

製本所　三松堂印刷株式会社

乱丁・落丁本の場合は、左記宛にご送付下さい。
送料小社負担でお取り替えいたします。
ご注文・お問い合わせも左記へお願いします。
筑摩書房サービスセンター
埼玉県さいたま市北区櫛引町二―六〇四　〒三三一―八五〇七
電話番号　〇四八―六五一―〇〇五三

ISBN978-4-480-43236-0　C0195